阳光体育运动及保障机制研究

张金峰 著

河北科学技术出版社
HEBEI SCIENCE&TECHNOLOGY PUBLISHING HOUSE

图书在版编目（CIP）数据

阳光体育运动及保障机制研究 / 张金峰著 . –– 石家庄 : 河北科学技术出版社 , 2019.5

ISBN 978-7-5375-9939-9

Ⅰ . ①阳… Ⅱ . ①张… Ⅲ . ①体育教学—保障体系—教学研究—高等学校 Ⅳ . ① G807.4

中国版本图书馆 CIP 数据核字 (2019) 第 071175 号

阳光体育运动及保障机制研究

张金峰　著

出版发行　河北科学技术出版社

地　　址　石家庄市友谊北大街 330 号（邮编：050061）

印　　刷　三河海新印务有限公司

经　　销　新华书店

开　　本　787×1092　1/16

印　　张　11

字　　数　200 千字

版　　次　2019 年 9 月第 1 版

　　　　　2022 年 9 月第 2 次印刷

定　　价：65.00 元

前 言 PREFACE

　　阳光体育运动是在我国青少年体质连续二十年下降的背景下，提出的一项涉及全国青少年学生的宏大工程，特别是在我国提出"由体育大国向体育强国迈进"的战略目标下，阳光体育运动更显责任重大。它不仅是提高学生体质的一项有效手段，而且以其丰富的组织模式、创新的活动内容提升学生的体育意识、兴趣、技能，为群众体育培养人才、为竞技体育挖掘人才、促进学校体育的改革、倡导低碳体育理念、提升了体育文化内涵。

　　本书在此基础上，首先对阳光体育运动进行相关的概述，基于就阳光体育运动和大学体育文化之间的关系阐述了阳光体育运动丰富了大学体育文化建设，指出了阳光体育运动实施过程中存在的误区以及规避阳光体育运动现实误区的策略。同时就阳光体育运动的保障机制进行了介绍，包括坚持可持续发展模式，构建阳光体育运动的长效机制和构建阳光体育运动质量监控体系等措施。

目　录 CONTENTS

1

第一章　阳光体育运动

第一节　阳光体育运动综述

一、什么是阳光体育运动

阳光体育是以《学生体质健康标准》的全面落实为前提，以"健康第一"为主要的指导思想，以提高学生身体健康水平，增强学生身体素质为根本目的；帮助学生以积极的态度和意识面对以后的日常生活；同时帮助学生养成爱运动、勤锻炼的好习惯；在广大的青少年群体中建立起热爱运动、热爱健康和热爱生活的良好标签，并最终带动广大社会民众，形成全民爱运动的风气。

不得不承认，我国旧的教育思想中重文化课、轻体育锻炼的观念浓重，导致了如今一些学生仍旧体质羸弱，轻视体育，对体育锻炼不感兴趣。而阳光体育就是先调动学生的积极性，在青少年群体间站稳脚跟，然后再使家庭和社会逐步认识到体育运动和健康的重要性，以期更大程度地推广素质教育；更以运动健身为具体措施，强健身躯为一般前提，全面提升身体素质。从另一方面讲，阳光体育进一步落实很大程度上会使我国社会主义物质文明和精神文明得到巩固和建设，综合国力得到明显提升。

二、阳光体育运动的内涵

阳光体育应在全国的大中小学校开展，以这些地方的学生为最主要的目标，通过

一系列有效的措施，让学生们养成锻炼的习惯和树立体育运动的精神，促进学生的身心健康。它是指让全国范围内的尽可能多的学生离开以往必须要长时间学习的教室，让他们去和大自然亲密接触，在这种阳光和自由的氛围下，让学生们根据实际情况、个人喜好选择不同的运动方式。这不仅能给学生在繁重的学业之余增添快乐，也改善了他们的身体素质。此外，阳光体育能将学生的文化教育和实践活动有机地结合起来，促进学生思维和体能的提升，使其解决实际问题的能力和创新能力大幅度增强；学生也在学习和锻炼中培养优良的品质、提高多方面的能力，在将来的工作和生活中定能为祖国的繁荣富强贡献自己的力量。真正的阳光体育运动不但要参照诸多如科学性、全面性和教育性等原则，还要结合学生的真实意愿和积极性，尽可能地与学校的体育课有效结合起来。由此可见，阳光体育运动并非大家怀疑的"行为艺术"。

阳光体育是以"阳光"为出发点，倡导广大学子走出教室，走到大自然，走到阳光下，以积极的态度和饱满的热情参与到适合自己的体育活动中去，在自身得到各方面进步的同时也能带动全社会整体的体育锻炼风气。还有专家提到，阳光体育可分为物质和精神两部分。一方面是物质建设，即阳光体育需要一定的物质基础，如运动场地的建设、设施的增建；另一方面是精神建设，即阳光体育的推广和顺利开展要求广大学生和社会公民首先转变固有陈旧思想观念，接纳体育精神、运动健身意识等。

三、阳光体育运动的意义

阳光体育对推广全国的素质教育也有极大的帮助，同时也是全面落实教育方针的重要举措。它能将学生的文化教育和实践活动有机地结合起来，促进学生思维和体能的提升，使其解决实际问题的能力和创新能力大幅度增强。学生也可以在学习和锻炼中培养优良的品质、提高多方面的能力，在将来的工作和生活中为祖国的繁荣富强贡献自己的力量。全面开展阳光体育运动是全面推进素质教育的重要突破口。原教育部体育卫生与艺术教育司司长杨贵仁说，应该是把加强学校体育作为全面推进素质教育的突破口。为什么把加强学校体育作为素质教育的突破口，原因有两个方面。首先，现在大家对如何实施素质教育，有不同的看法。比如知识掌握的难度、学生的学习尺度，众说纷纭。而大家对体育的认识容易统一，对提高学生的身体素质比较容易认同，因为孩子喜欢体育活动，家长不会反对孩子参与体育锻炼，全社会都会支持。因此，把切实开展学校体育运动，加强青少年体育确定为素质教育的突破口，能得到大家的共识。另一方面，现在学生的身体素质和健康状况方面出现了不容忽视的问题。教育部发布的《2014 年全国学生体质与健康调研》中指出，与 2010 年相比，19 岁至 22 岁年龄组男生速度、爆发力、耐力等身体素质指标下降，女生身体素质指标有升有降。城市男生肥胖检出率明显高于城市女生、乡村男生、乡村女生 3 类学生。大学生身体素质继续呈现下降趋势；视力不良检出率居高不下，继续呈现低龄化倾向；肥胖检出率持续上升。

四、阳光体育运动的相关特征

阳光体育运动严格来讲并不是一个全新的事物，因为从中可以看到不少与常规的学校体育课程内容类似的部分，但它没有完全复制后者。阳光体育首先包含体育锻炼的内容，其必然有运动和相关教学的部分；更深层次的，它还包含浓烈的教育成分，让参与其中的广大学生获得身心健康，培养体育精神，不止让学生身体得到有效锻炼，心理也获得了正确的引导，尽可能确保其身心协调一致的进步。总体来说，阳光体育运动的主要特征如下。

1. 时代特色

阳光体育运动具备一定的时代特色。在我国全力构建和谐社会、推广素质教育，以及"互联网+"时代的到来等一系列大背景下，阳光体育应运而生。它是在考察了其他多国的学校体育课程后，又经多方磨合试验而诞生的一种适合我国国情的体育教育形式，让参与进来的广大学生体验到了"阳光"的概念。当今的时代对人才的要求越来越高，只有全面发展才能真正被国家和时代所需要，而校内的体育课就能弥补学生的多方面不足，因此，阳光体育运动在这样的时代背景下也担负着重要的责任。还有一个比较大的时代特色就是 2008 年的北京奥运会，这是我国在改革开放后第一次站在世界的中心，向其他国家发出呐喊。而阳光体育中所包含的体育精神、人文精神和时代精神能够与全世界瞩目的奥运精神高度契合，甚至能成为具有中国特色的体育人

文精神，它能为丰富灿烂的华夏文明注入新鲜血液，提供新的动力。阳光体育就是在这种大的时代背景下出现的。

2. 理论特色

阳光体育运动具备一定的理论特色。众所周知，体育运动的多样性让人们在选择合适的方式和项目上存在一定的困难，而阳光体育则能通过了解不同人群的情况和运动需求，保证运动的科学性和连续性。阳光体育推崇的不是单一的运动科目和方式，而是多种多样、互相穿插的运动项目，灵活性和多边性是其长久以来的标签。阳光体育能够让参与进来的学生身体素质得到提高、潜力得到激发。这些也都是现在学校体育教育必须面对和解决的问题。

第一，坚持正确的体育锻炼必不可少。体育是从古代到现代人类社会众多文化之一，包含科学、文明、可持续的特色。无论任何国家，其体育锻炼的宗旨都是增强人民的身体素质，以保证整个国家和社会整体处在健康状态。

第二，学生学业繁重，能够选择的体育活动方式不多，体育锻炼是最基本也是最适用的一种。即使在飞速地社会发展和进步过程中，也要保证以学生为中心，重视和尊重其个人的意愿和选择，使其自愿、主动地参与到活动中来，养成锻炼的良好习惯，提高自身的身体素质。

第三，体育原本就不是脱离自然而独立存在的。从远古时代开始，人类祖先最早的体育运动就是狩猎，为了自身的生存和种族的延续，他们天天穿梭在各种自然环境下，进行各种形式的运动。回归当代社会，虽然不用再为了生存日日狩猎，但人们的体育锻炼也应与大自然紧密接触，这更有利于参与者的身心健康。

3. 实践特色

阳光体育运动具备一定的实践特色。阳光体育主张根据各校的实际情况、体育教育目标与在校学生的实际相结合，通过有效合理的体育锻炼形式将人与自然良好地结合起来，使学生在进行体育锻炼的同时体验大自然的美好。同时，也更能让学生的身心主动地、循序渐进地去适应社会和自然的各种进步和发展，以达到让其身心健康、积极向上的目的。众所周知，我国幅员辽阔，不同地区的经济、文化和自然条件等多方面都存在较大差异，最直观的就是学生的生活条件和质量方面的差异；然而，这一差异在很大程度上并不会迅速得到改善，因而各地区学生的身体素质差异在短时间内也不会有明显改变；退一步讲，即便身处同一地区、同一学校、同一性别和同一年龄段的学生，也会由于兴趣爱好和性格特点等主观方面的差异而造成其个体身体素质情况参差不齐。所以，这就需要各地方学校针对本校学生展开调查研究，综合实际考虑多方面的因素和差异，开展普适的和有针对性的体育活动。

第二节　研究现状

2007年，中共中央、国务院发布了关于增强学生体质的全国性7号文件，即《中共中央国务院关于加强青少年体育增强青少年体质的意见》，并马上启动了开展全国亿万学生阳光体育运动的通知。紧接着，阳光体育在全国范围内的各地方、各学校纷纷如火如荼地进行，瞬间掀起了一股崇尚体育锻炼的热潮，关于阳光体育的研究也纷纷展开。然而，最近几年的相关研究大都没有实质性的进展，大多是老生常谈，并且针对高校的阳光体育研究并不多。因此，笔者主要从以下几个方面进行相关探讨。

一、当前阳光体育研究现状

阳光体育最重要的目标是使全国青少年的身体素质得到明显提升，同时还帮助学生树立积极、主动参与体育锻炼的意识，养成终身锻炼的良好习惯。一些学校通过开展新型的体育课和组织体育活动等措施，将学生带入这种大规模运动健身的环境里来，逐步达到每天锻炼1小时的国家建议时长。自阳光体育这项运动开展以来，全国范围内的大中小学校瞬间沸腾起来，与之相关的各种研究和调查也开始广泛进行。当前，我国青少年身体素质整体水平偏低，而阳光体育正是国家针对这一现象而做出的重要举措。由于此举关系到我国青少年群体乃至整个社会公民的健康，故此各方面研究都围绕这一领域展开研究。当前，学术界已从不同角度对阳光体育的开展进行了较为深入的研究，研究结果主要分为以下几个方面。

2007年，王月华经分析研究表示，阳光体育进一步落实了科学发展观，也是新时期确保我国繁荣稳定的重要基石，还是"以人为本"等重要的发展理念的重要保障，对进一步推进和谐社会的全面构建和素质教育的全面推行有着重要的意义。阳光体育这项活动本身就包含重要的体育精神和文化价值，有效填补了学校体育教育的某些空白，坚实有效地帮助学生树立起运动锻炼的良好意识，促进其身体和心智的综合全面发展。阳光体育保证了运动的趣味性和效果，让广大学子在主动和欢乐中强身健体。

2011年，翟水保等对陕西省某些农村的中小学阳光体育活动开展情况进行调查发现，近七成的学生在近几年中从未参加过任何体育竞赛活动，或极少参加；且近半数的学校从未举办过相关或类似的活动。即使有少数的学校开展相关活动也多以运动会、球赛等方式为主，因为这类运动易组织，所需投入也很少。故此，今后阳光体育应加大在落后地区的开展力度和效果，争取让每一个学生都能参与进来并从中受益。

不得不承认的是，即使国家如此大力地推广阳光体育运动，但由于地区间在诸多方面都存在较大的差异，由此该活动并没有像预想的那样全面、均衡地覆盖，主要是在城市开展较顺利，在乡村就不理想。然而，即使是规模相当的城市间或乡村间，不同学校的不同学生个体之间也存在着较大差异。张弘等针对阳光体育在吉林省部分农村学校的开展情况的调查发现，该活动在所调查学校的开展形式几乎仅为课间广播操和运动会，更有近三成的学校从未举行过运动会，七成的学校没有课间操。

2012年，李海富通过研究和调查，对阳光体育的重要特征进行了相关归纳。他表示：①阳光体育有一定的全面性，该活动辐射范围广至全国上下的每一所大、中、小学校，尽可能地影响到每一位学生；②阳光体育有一定的时代性和科学性，该活动的大力推行契合了我国青少年整体亟须改善身体素质的时代背景，符合我国社会今后长远发展的要求；③阳光体育能帮助学生树立正确的观念，该活动的逐步推进，让全国的几乎每一个学生都参与进来，在多种运动项目和形势中培养起重视运动的正确观念和集体荣誉感，让学生能以积极乐观的人生态度去面对他们今后的工作、学习和生活。

二、对阳光体育长效机制的认识

通俗来讲，可以把阳光体育的开展简单理解为其长效机制，使全国的青少年甚至全体公民都参与到这一活动中来，养成终身运动的理念，实现每一个人每天锻炼1小时的目标。阳光体育长效机制是相关教育目标与学校和个人共同完成的一套科学、合理的实施方案、过程、方式和原理。然而，目前关于这方面的研究较少，且研究结果

仅停留在理论研究的水平，且缺乏新意，与真正的推广和实行还有很大的差距。主要原因在于，长效机制在短时间内无法被有效验证，只能在相对较长的一段时间里才能做到，因此在构建过程中要重视培养学生的兴趣，让其自主、积极地参与到体育运动中来，而且不拘泥于学校，要在今后迈出校园，走入社会后仍能主动投入到体育运动的潮流中去。还有重要的一点需要强调，强身健体不仅仅是对自己负责，也是对国家负责，因为只有拥有了强健的体魄才能有效地投入到工作和学习中去，为祖国的伟大复兴和中国梦的实做出应有的甚至是更多的贡献。

第三节　阳光体育运动的现状及分析

笔者通过多种方法，以全国范围内的高校为研究对象，以其阳光体育的开展状况为研究内容，充分了解了当下我国高校阳光体育的开展情况，总结了有价值的经验；再结合我国高校的实际情况，找出现存的问题，发掘相关原因，对症下药，提出合理的解决方法。

笔者从国家针对阳光体育相关的法律法规、学校相关文件，以及经费、场地和设施等入手，发现近些年来，在高校和相关部门的组织下，高校的学生很大程度上被有效地调动起来，而阳光体育所传达的精神也正逐渐被广大的高校学生所接受，并付诸实践；无论是思想观念还是身体素质，从高校学生这一群体来看，都有明显提升。

一、普通高校开展阳光体育运动的必要性

优秀的学生是祖国未来的栋梁，健康的体魄是学生们的基础支撑，因此，阳光体育运动的开展是为了学生们的健康发展，也是为国家未来发展做好人才培养的表现。根据青少年学生的喜好和身体状况，高校应结合自己学校的特色和现实情况量力开展了各式各样的体育运动，让学生们在阳光下绽放青春笑容。学生们可根据自我个性开创新时期的体育运动项目，不断让更多的学生喜欢、热爱并积极参与体育运动。

二、普通高校开展阳光体育运动的组织结构

高校开展阳光体育主要还是通过优化校内体育管理体制来实现的。虽然各高校的管理因学校规模、机制等存在较大的差异，但按照相关条例的要求，普通的高校还是有条件和能力达到的。普通高校体育内管理机制下图所示。

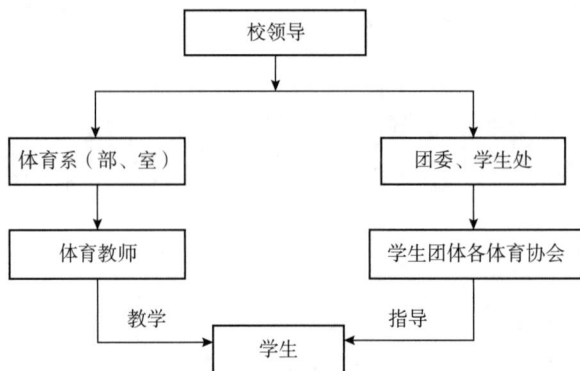

普通高校体育校内管理机制示意图

从上图的管理模式可以看出，阳光体育活动开展的成功与否主要的决定者是在以校长为首的校领导。这意味着，如果校领导能从源头上推动和倡导阳光体育，那么后期的动员学生、筹集经费、扩建运动场、增加相关设施等问题都会一一被解决；相反，如果校领导对此事漠不关心，那么后续的工作将很难顺利开展，经费问题、动员问题、设备和场地问题等无一不在阻挠着阳光体育活动的开展。

三、普通高校开展阳光体育运动的影响因素

1. 受体制内部制约影响

现阶段，我国许多大学生的体育锻炼观念较为落后，基础也相对较差，这必然会影响阳光体育的全面推广和成效。许多高校的体育教师表示，目前大学体育课大都是在对学生中、小学阶段体育空缺的补充，这也意味着，在大学里，要用较少的课时去完成更多的体育锻炼内容，这无疑又给高校阳光体育活动的落实增加了压力。

此外，落后的观念阻碍了阳光体育。仅靠集体组织的体育课和高频率的其他运动竞赛其实是很难达到阳光体育的理想目的。若想大力开展其他的课余活动则需要大量的经费和学生更多的空余时间，而这些都是短时间无法解决的难题。此外，体育教师一方面要完成课程任务，为学生提供指导、训练校级运动队等，还要完成其他任务繁重且复杂的工作，另一方面，其工作还缺乏合理的分工，导致进展也并不顺利。另外，由于管理体制的不健全，体育教师往往在提供了课程外的指导后无法得到相应的报酬，这也极大地打击了教师的积极性。

2. 受阳光体育运动组织形式的影响

高校学生在课外体育运动的形式有多种，其中以自发组成的小团体为主，往往是几个要好的同学或朋友聚在一起，进行大家都喜欢的体育项目，如篮球对抗赛、相约去健身房、运动场结伴长跑等。但是，由于是以自己的朋友圈为基础，所以规模不是很大，往往一直都是刚开始的成员，所以无法统一、有效地管理，其运动形式也偏向于散漫，效果也都参差不齐。

此外，社团等以团体为单位的活动形式，虽然规模更大，但是经费、场地及成员时间冲突等原因，其效果也不是太好；且社团等大的团体一般会受到学校的干预，其运动内容可能会更老套，学生的积极性会受到影响。

3. 受体育场馆设施和器材设备影响

影响阳光体育运动顺利进行的因素主要有：①校内体育设施不完善，缺乏合理规模的运动场，配套的体育设施也不完善，占比54%；②规则体育课程之外的其他活动组合不合理，形式也并不规范，占比33.5%；③经费投入不足和短缺，占比42%；④学校整体缺乏运动的氛围等，占比38%。

高校的运动场地和相关体育设备是保证阳光体育顺利开展的基本物质条件，其对高校体育改革的影响见下表所示，即对教学时间、内容以及课余活动无法满足。

体育场馆、设施配备对高校体育改革的影响因素一览

问题	选中频率	百分比	得分
1.无法满足对教学时间的要求	27	54%	168
2.无法满足对教学内容的要求	36	72%	233
3.无法保证课余活动的开展	30	60%	169
4.不利于营造校园体育文化氛围	2	4%	28
5.教师的积极性受到压抑	14	28%	75
6.学生的积极性受到压抑	12	24%	76

阳光体育运动的全面开展对运动场地和相关的配套设备有很大依赖，如若没有这些作为物质条件保障，那么高校推广阳光体育就是纸上谈兵，而有效提升学生的身体

素质，帮助其养成终身锻炼的优良习惯则更无法实现。配备合格的相关设施既可以提升学生锻炼的兴趣，还可以增强其锻炼的自觉性，从而确保阳光体育的全面推广。

4. 影响学生参与阳光体育的主观因素

影响学生参与阳光体育的主观因素有学生的年龄、爱好、三观、运动基础以及性别等。参与课外锻炼的男女生间的差异较大，男生的参与比例和运动时长等都明显高于女生，且女生不参与任何课外运动的比例要远超过男生。性别这一主观因素的确严重影响了阳光体育的推广，但另一方也说明了女生的体育锻炼意识和观念要远落后于男生，相比男生，运动的积极性更差。

参加课外锻炼的人数从大学三年级开始有明显的下降，也就是说，有相当一部分经常运动的同学突然选择不运动或极少运动，这是由于大三一般不再开设体育课，没有体能考核的压力；大三已算得上是"老生"，对大学环境熟悉，也发现了自己真正喜欢做的事；大三开始实习，准备考研、考公务员，或者开始为找工作做打算，用于体育运动的时间自然少了许多。

四、高校开展阳光体育面临的困境

阳光体育运动的开展虽然在一片欢呼鼓掌中绽放，遍及全国范围，然而计划发布后，体育教育部及各大高校并没有做好完全的准备。体育设施器材不完善、学校体育项目单一、体育教育的不足以及大学生自身的惰性意识等一系列阻碍因素，都在很大程度上影响了阳光体育运动的顺利进行。

1. 学校对阳光体育的宣传力度不够，大学生体育观念守旧

虽然广大高校学生参与到了此次活动中来，但学生的体育观念仍然比较落后，普遍没有认识到体育文明的重要性，从事体育运动的积极性并不高。尤其是在当下信息呈指数型爆炸的时代，高校学生的空闲时间基本被社交网络、电子游戏等占据。大学生的升学压力小，空闲时间也多，但是不少人钟爱打电子游戏、追剧、网络聊天等，时间被大把占用，真正用于体育锻炼的时间很少，且这种现象比较普遍。主要原因是大多数学生没有强烈的体育运动观念，也就没有对运动的自觉性和积极性。即使有大把的时间，学生也更愿意去做和网络相关的事，而不是体育运动。因此，大学生身体

素质差，近视、高血压、肥胖等症状频频出现。更有甚者，明明已经知道自己的身体素质较差，亟须得到改善，但仍然拒绝付诸相关行动，继续保持着以往的并不健康的生活状态。究其根本，就是由于大学生运动健康的意识不够强烈，没有把体育运动的习惯保持住。

2. 师生对阳光体育重视度不够，教与学的积极性不高

相当多大学生的课外活动与其所在学校的体育教学方式缺乏紧密连接。在不少高校，体育课教授形式还是集体组织的方式，统一上课、统一运动，同学们的运动自主性被剥夺，不得不接受老师的统一安排，因此，学生体育锻炼的积极性普遍不高。此外，一刀切的管理和组织模式也注定了其效果并不会很好，尤其是不区分性别的运动项目，可能运动本身是积极的，但是对某些群体并不适合。此外，物质条件的缺乏，也导致了部分高校开展阳光体育受阻。首先是由于各地条件的差异，某些学校缺乏一定的运动场地或者是一批专业的体育教师。场地的问题其实并不严重，因为阳光运动本来就提出走到大自然中去，利用自然环境自主进行锻炼；相对严重的是体育教师的专业素质较差，教师授课的目的是帮助学生训练有限的现有项目，以期学生可以顺利通过相关考核，较少重视帮助和引导其树立正确的运动意识，有的甚至只在课上才会出现，根本无法对学生的其他课外生活进行了解和指导。

部分教师不负责的态度也导致了学生在体育锻炼中的应付，学生目前所进行的运动活动无非是为了通过考核和通过眼下体育教师的管理。一般情况下，学生具备相关体育技能的优劣决定了其参加此活动的效果，技能是基础，兴趣是保证学生持续自主参加此活动的内在动力；而学校体育教学的模式是否成功，是否紧密地将学生课余生活与体育运动结合起来则很大程度上影响了学生的技能培养和兴趣培养。

3. 高校场地有限及体育器材设置不达标

高校的体育场地和相关的体育器材还没有达到相应的目标，限制了阳光活动的有效开展。高校扩招已有多年历史，学校招收的学生数量几乎每年都在增加，可是相应的硬件条件并没有跟得上人数增加的速度。通常情况是，学校的学生在逐年增多，学校领导首先考虑的是众多学生的住宿和教室的问题，往往会扩建宿舍、增建教学楼和实验大楼，甚至是增建食堂，对学生的体育锻炼并不重视，有些高校的体育教学甚至

只是走一下过场，能够应付期末的量化评价即可。如若要保证每个学生每天要运动锻炼一小时，首先是需要足够大和足够多的场地，其次是数量和种类都比较多的运动器材。可以说，一个学校的一个行动开展得好坏程度往往取决于其运动场地的面积和运动器材的多少及丰富度。此外，一些学校自己的某些体育场所，如网球场、篮球场等甚至还对自己的学生收费，这直接从本质上打消了学生锻炼的积极性，因为阳光运动的实质是让学生在长期的锻炼中获得一定的好处，而收费现象则让学生只看到了短时间内的经济损失，虽然损失不大，但这种迅速的反馈机制在暗示学生：运动是收费的，不运动就是免费的；运动了也看不出效果，以后还是不运动了。另外，还有学校因为经费不足而导致，限制一些运动项目和器材的开展频率和使用频率等问题，极大地挫伤了学生锻炼的积极性。

4. 学生体质测试不到位，相关测试方案不够科学

身体素质的一系列测试同样是阳光体育的重要内容之一，它是检测学生参与此活动程度和效果的反映，重要性不言而喻，因此学校和相关部门要引起重视，切实落实好工作，不要只是搞面子工程。此外，由于高校的学生数量普遍较多，因此测试工作要全面展开并不容易，其中，很多学校只是针对刚入学的新生进行相关的测试，而对高年级的学生则工作不到位。其实，高年级的学生由于熟悉大学生活，渐渐养成了慵懒散漫的生活方式，因此更应对其进行测试，发现不足，及时改善。另外，在进行测试工作时，工作人员和学生都要保持严肃认真的态度，杜绝徇私舞弊和蒙混过关等现象的出现。因为测试过程就是发现问题的过程，只有让问题彻底暴露出来才能认识到问题的严重性，才能有针对性地开展下一步的工作。

5. 课程设置脱离学生兴趣及生活

高校学生虽然相比其他学生少了升学的压力，但是即将走入社会，面临的择业和就业压力也不容小觑，因此学生投入大量的时间和精力去参加培训、考取证书等以增加自己今后的核心竞争力，参与体育锻炼的时间自然就少了。尤其是近几年，高校的扩招虽然减小了社会的教育压力，但宽进宽出的现象也导致大量素质一般的大学生面对激烈的社会竞争无法适应，就业问题成了大学生普遍面临的难题，因此大学生选择牺牲锻炼的时间来提升自己的竞争力，对身体素质也无暇顾及。

第二章　阳光体育运动在高校的发展

第一节　高校开展阳光体育运动的意义

阳光体育运动是对人民有益、使社会更完善、利于国家长期发展的伟大任务，中国拥有的亿万学子都参与阳光体育运动，这非常具有历史责任感以及现实意义。积应当极地推动阳光体育运动，将教育放在起始点，大力鼓励学生从教室走向大自然，走到阳光下，把自己投入到体育运动中。阳光体育运动不断的发展是国家生命力旺盛的重要表现，对推动人类健康成长、促进精神文明的不断完善以及社会和谐发展起着关键的作用。

一、开展阳光体育运动有助于大学生生理、心理健康发展

1. 大学生心理与生理的相关特征

生理特征：心脏、心肌、骨骼、肌肉、肠胃、神经系统、等生理机能已大致发育好，第二性特征也大致完成，由于身体里的内分泌运转有所不同，荷尔蒙的分泌也有所增加，造成神经系统稳定程度降低，在行为上表现为对异性的好奇、腼腆等。

心理特征：一是对陌生环境的适应性不高，对大学的生活以及自己独立生存有所不适应；二是对人际关系过度在意，不擅长与周边的人沟通交流；三是敌意症状，大多数情况下不能很好地控制自己冲动的情感；四是抑郁症状，很多时候显现出对

未来规划的模糊，因此形成苦闷的心理；五是涉及恋爱以及性的相关问题。

2. 阳光体育运动对大学生生理、心理健康的促进作用

生理方面：科学体育锻炼可以增加人类每一种器官体系的免疫能力，从整体上提高机体的新陈代谢以及使身体科学健康地成长。大力发展阳光体育运动，号召大量的学生投入到体育项目里，可以提高学生身高的增长、肌肉的增加、体型的不断完善，避免在成长过程中所出现的一些非正常问题；能够加强心肌，提升通气量和肺活量，促进人体所拥有的最基本的行动，例如：走、跑、跳、投之类的活动。因此，阳光体育在力量、速度、耐力、灵活性、柔韧性、协调性等方面有着重要的作用，可以使得学生在感觉和知觉能力上有所完善，反应速度以及直觉判断力不断增强，从而达到自身的敏感、灵活程度的完善以及自我能力的提升。

心理方面：体育锻炼有利于减少负面情绪以及相关压力，形成较为良好的心理状态，对提升意志品质具有显著的效果。在科学范围内的体育锻炼可以让人体分泌出多肽物质——内啡肽，这种物质使得人们在完成了一定质量和数量的体育锻炼时有着较为正面的情绪出现，一方面，能够达到强身、健体、竞争以及发展的要求，另一方面，也可以使同学们在运动中收获乐趣、使得同学们精神面貌更好、情操得以完善，增强相关品质，人际关系也更加和谐。

二、开展阳光体育运动有助于提高大学生社会适应能力

1. 大学生的社会适应能力

人的全面进步是包括生理、心理、社会适应能力等方面的共同发展。独立个体所拥有的适应能力对正常的生活有着或多或少的影响。大学生马上就要步入社会，自身拥有较为完备的社会适应能力，可以拥有更多的生存以及发展的能力。1999 年 6 月 13 日，党中央、国务院所公布的《关于深化教育改革全面推进素质教育的决定》指出："实施素质教育，必须把德育、智育、体育、美育等有机地统一在教育活动的各个环节中。"这些足以表明体育对大学生人格的不断完善、对社会陌生环境的更好融入，以及健康快乐这些方面具有显著提升效果，通过对学习气氛的更好烘托、社会交往技术的增强，有利于学生更好地了解自己、提高自我生活的能力、实践挫折教育、提高自身的创新

能力和竞争思维，推动大学生更好地去融入陌生的社会环境。

2. 阳光体育运动在提高大学生社会适应能力中的作用

阳光体育运动之所以强调持续发展，是为了让更多的青少年可以从教室走到阳光下，去到操场上，对体育锻炼充满激情，在体育锻炼中增强大学生融入社会的能力。

第一点，学生自我调控能力会不断增强。

体育在很多时候是非常重视规章制度的。学生对参加体育项目，一般情况下会受到项目本身规章、行为准则限制，学生会在限制中不断对自己的行为进行规范，实现自我调节能力的提升。

第二点，学生自主探究能力、创新思维以及心理抗压能力能够增强。

处于体育运动之中，遇到很多的难题以及困境是很普遍的情况，怎样才能去解决这些难题让运动能力得以提升是那些对运动有着非常强烈兴趣的参与者共同面临的难题。所以，需要每一个学生都能够投入到体育锻炼里，持续地去解决相关困难以及挫折、持续发展自身、持续关注创新，推动创新思维，增强面对困难的能力以及对失败的接受能力。

第三点，学生拥有的共同荣誉以及身负的责任感能够不断提升。

体育教育跟其他学科教学方式不同，最明显的特点就是团体接受教育。假设缺少集体性，体育课程里面安排的很多项目都不能继续进行了。体育项目需要的学习方法、经历，大多是需要用游戏、比赛这样的方式，用于增强学生的学习能力，提升学生的自我优势，可以让学生拥有更好的集体思维。明确团队意识能够培养学生未来融入社会的环境的能力。

三、开展阳光体育运动有助于加强大学生精神文明建设

1. 大学生的精神文明需要

精神文明作为我们改变主观世界以及客观世界经历的全部精神财富，精神文明主要体现在科学文化和思想道德上。科学文化含有社会的文化、知识、智慧详细情形、教育、科学、文化、艺术、卫生、体育诸如此类进步的格局以及所处的水平等级。思想道德含有社会政治方面的理论、道德上的表现、社会风气以及形成的世界观、目标、

情商、斗志、信仰和组织纪律方面的情形。马列主义著名的作家曾经讲："任何人如果不同时间为了自己的某种需要和为了这种需要的器官而做事，他就什么也不能做"。从学生所要求的精神文明程度和在这方面领域内展现出来的作用可以看出来，大学生对精神文明的要求是支持高校精神文明建设的重要因素，也限制高校精神文明形成所展现出来的效果。当学生察觉出自己拥有的精神文明没有达到一定的条件、水平时，就会存在负面情绪及没有安全感，就会努力去提升自身来实现所需的精神文明水平，就会推动自己去加入到各种各样的能够提升精神文明的活动中。

2. 阳光体育运动在加强精神文明建设中的作用

要成为全面发展的人，不但要有学问、品德以及诚心，还要保证自己身体的健康状态，达到自身机能以及智商保持正常发展趋势。实现"身心两方面的和谐"。"假如身体不健康、任何部分受了损害，它的客人——灵魂，便住在一个薄待客人的住所。"阳光体育运动是可以把自身的身心科学、健康地联系在一起，去实现持续的发展。其也可作为提升身体状态、发展友情、提升团体意识的关键方式，阳光体育运动也是社会主义精神文明的关键标志。当高校进行阳光体育运动的时候，能够更好地治疗大学生负面情绪以及安全感丧失的状况，能够推动大学生对科学理论知识的掌握情况、思想道德修养的提升，可以更好地养成大学生不惧怕挫折、敢于向高峰挑战、提升自己的良好品德以及不轻易放弃的毅力，可以更好地培养大学生的竞争思维、团体意识，更好地培养大学生的民族自尊心、自信心和自豪感，能够更好地培养学生的团体意识、对祖国的热爱之情。

四、开展阳光体育运动是推动校园文化发展的重要举措

1. 高校校园文化建设

高校产生了知识精英、文化产品的地方，同时也是形成高雅艺术以及精品文化之处。高校校园文化的生成是学生与老师双向努力的结果，是在较长的时期所进行的实践行为经过物质、精神以及规章制度等方面日益形成的校园精神氛围，具有明显的个性特征、有形和无形相结合、全方面多种功能的特点。提升学校文化软实力的发展是推动学校建设以及完善不可或缺的因素，关系到学校长期的建设、学校格局的扩大、学校信誉

与口碑提升这样的发展局面，也是建设综合性能力的增强、在社会影响方面的提升、名誉跟口碑的提升成了高校避免不了的关键任务。高校要积极对推动校园文化软实力发展专门题目进行深究和交流，进一步探讨校园文化形成的情形、方案，可以达到更好地推动校园文化结构的完善、布局的严密，加深丰富文化发展的内容和方式，扩大活动涉及到的领域，积极加强校园文化的发展。

2. 阳光体育运动在推动校园文化发展中的作用

校园体育文化作为校园文化所形成的重要因素，是不能缺少的。它把学生定为主体，将课外体育文化活动放在内容的中心，实施地点定在学校，是将学校精神放在中心位置。校园文化大部分是学生处于学校里形成以及拥有的全部精神财富和物质财富的代表。阳光体育运动对于校园体育文化是最为中心的方法，对增添校园文化有着非常显著的效果。处于和谐社会的新时代里，我们应尽可能达到学校的教育目标，全面实践教育宗旨，提升学生、老师参与到其中的次数，营造出多种多样的校园文化环境，提高校园体育文化的凝聚力和吸引力，以达到提高校园文化的目的。

第二节　高校开展阳光体育运动存在的问题

在阳光体育运动发展的开始，部分人都对其怀有不信任的情感，甚至不相信阳光体育能够有长期发展。到目前为止，经济较好城市里的中小学，对阳光体育的开展更加重视，而农村因经济达不到、地域的阻碍等原因发展较为落后。高校发展的状况很不理想，各种问题、漏洞，阻碍了阳光体育运动健康的进步。

唐克骥所著《山东省高校阳光体育运动开展现在调查与对策研究》指出：很多学校仅仅了解"阳光体育运动"的存在，可是并没有重视其发展。即便中共中央国务院、教育部等领导要求把这个任务放在关键位置，可是很多学校党政团领导并没有清楚地知道这个活动所具有的意义，也无法成功地在学生团体里形成足够的宣传舆论环境。作者也指出：现在很多学校和领导，一方面对阳光体育运动不理不睬，另一方面不去安排公共体育必修课，仅仅去追求教学方面的成绩优秀，对学生是否全面发展不予理睬。

刘华云、孙洪涛《高校阳光体育运动实施情况回顾》对长沙、湘潭、株洲等十几所高校的68名管理人员进行了监测。其中，四十八个学院管理者和涉及的辅导教师都不想进行此活动，也不会给予时间去进行锻炼身体；百分之四十三左右则清楚地说明自己没有规划去参加阳光体育运动；百分之四十六认为这些活动只是肤浅的行为。

据郝好雷通过对"河南省高职院校实施阳光体育运动"这一课题深入研究。认为前述条件的满足，是一切与体育这门实践科学相关的事业正常运行的基础。在调查的河南省10所高职高专学校中，对体育场馆等一系列设施的资金投入占比，与国家标准的全国平均水平相比相差悬殊。

表2-1是攀彦对郑州市大学生阳光体育活动况状分析调查：①能活动的区域不大；

②能够运动的设施不够；③能够去参与运动的时间不够；④对体育不感兴趣。而由表2-1中信息更是可以得出进一步的结论：体育设施不完善是影响学生参与体育运动的主要原因。这种多方面而非单一的影响主要原因就是男女之分，男生的原因有186种而女生的却有200种。

表 2-1　郑州市大学生阳光体育活动状况的调查分析

	① 学习负担 重无时间 （%）	② 运动场 地不足 （%）	③ 运动器 材紧缺 （%）	④ 后勤条 件差 （%）	⑤ 技术差怕 对面子 （%）	⑥ 无兴趣 （%）	⑦ 无人指导 （%）	⑧ 其他 （%）	主要原因 位次比较				种类的 人均数
									1	2	3	4	
大学 男子	40.1	43.0	47.8	11.0	14.0	12.8	9.7	7.9	③	②	①	⑤	1.36
大学 女子	41.1	50.1	45.0	10.3	16.2	16.8	12.7	7.2	②	③	①	⑥	2.00
合计	40.9	46.6	46.0	10.7	15.5	14.5	11.2	7.6	②	③	①	⑤	1.93

唐智在《普通高校"阳光体育"发展研究》中分析了当前体育器材运载能力和当前学校学生人数变化趋势，得出当今情况下，学校原有的体育基础设施不变，而学生数量却逐年增加，体育场地不足显然是阻碍阳光体育运动在大学校园普遍开展的主要原因。他对这一现状也提出了解决方法，一方面学校应同体育教师联合起来，共同发掘学校体育教学潜力，通过文化的形式来缓解硬件设施不足的压力，另一方面政府也应当看到这一矛盾的存在，加大财政投入。

一、学校经费投入不足

郝好雷在《河南省高职高专贯彻"阳光体育运动"的现状调查》报告中指出：近10所院校年体育经费投入仅为其教学总经费的2.1%，只有教育部规定水平的一半，由此可以看到学校对体育投入的轻视是阻碍阳光体育活动的一大因素。

陈仁蒙在《阳光体育运动过程中遇到的问题与对策》中指出，我国当今体育教育中，硬件设施的不足已经成了普遍情况，而农村尤为严重。这极大地制约了阳光体育运动的发展。

无论是陈建嘉在随机对全国43所高校的调查中仅有两所高校的体育经费达到了学校教育总经费的1%，还是张金标等的《高校体育教育经费投入问题研究》中提到的

参与调查的 140 所普通高校，平均体育投入占比为 0.3% ～ 0.5%，符合教育部规定达到最低限 1% 的屈指可数，都反映出目前我国体育教育事业的发展，在多个方面都与发达国家有相当大的差距。

二、学生存在思想观念上的误区

当代大学生体育认识的通病：明白其意义，却忽视其实际生活中应当如何进行体育锻炼。对湖南省高校林立的长沙、湘潭、株洲三地 12 所高校 2000 余名学生进行的调查发现，其在人生的最重大事情的排序上，不约而同地将健康放在首位，其中男生为 82.3%，女生为 78.5%。但他们的课外活动中，排名第一的为上网，比例为 22.77%，体育锻炼男生为第六位，女生更是排在了第八位。结合他们之前对健康的排序，明显地暴露出大学生虽然清楚身体健康的重要性，但是他们并不了解常常锻炼身体的意义。

三、体育教师与学生比例严重失调，且学历层次偏低

白凤瑞、彭艳春、郑百香在《高校"阳光体育"运动的现状分析与对策探析》中提到阳光体育活动的不足并且还有相关的研究结果，以为有关老师的知识储备不足和整体实力的不足就是影响阳光体育运动顺利开始的关键原因。学校应当在符合规定的情况下合理地分配老师的教学课时，还应设立一些课外素质教育的行为，要求一定有相关老师在场。时间一长，假如说这项措施并没有施行，那么在进行全面的课改以后，关于体育的时间高频增多，相关的课外时间也出现了增加这些习惯，其相关的体育老师的品质和数量都要提高，体育老师组配的相关不足急需解决。

邱团在《高校开展阳光体育活动的实践与思考——以广西工业职业技术学院为例》中指出：近年来，高职院校不断扩大招生规模，但体育教师队伍实力严重不足。要切实加强体育教师队伍建设，根据实际需要，完成和加强体育教师队伍建设迫在眉睫。自 1999 年以来，国内各高校大多是连续的扩招。2005 年是扩招后的第二个高峰年，同年 9 月，毕业生的初始就业率为 72.6%。

2007 年，全国高校毕业生达到 495 万人，毕业生数创历史新高。在高校扩招后的

短短 8 年时间里，全国高校数量增加了 2.33 倍。高校迅速扩招直接导致学生人数和体育教师比例严重失衡。体育教师很难全面指导所有学生参加体育活动。

王传宝、何元清在《大学生学习压力的原因及其心理调整》中写道：过度的学习压力已成为大学生心理问题急剧上升的重要原因。2006 年，华东师范大学团委对上海九所大学的一些大学生的心理状况进行了研究。3％的学生表示会参加第二专业考试，选取第二专业，并在校外接受课外辅导和培训。除此之外，现在的大学要遭遇就业的市场化现状、教育支出大多来自家庭、招生数量增加这些情况。

由于社会的不断发展，涉及到的用人单位针对学生提出的学历要求、自身素养等有着更加严格的条件。重点高校要求学历为博士，普通的则要求是硕士，很多的高职院校对学历的要求在不断提高，硕士以下的学历都不给予考虑。目前所形成的这种学历要求，让很多大学生求职时多次受到挫败。面对就业，面试者绞尽脑汁设置考题，面试种类也各种各样，考生所处的环境恶劣，对自身的文化知识水平要求日益严格，也就在很多时候忽略了自己的身体素质情况。

第三节　高校开展阳光体育运动的可行性分析

第六次全国体育场地普查统计结果显示，截至 2013 年 12 月 31 日，全国共有体育场地 169.46 万个，用地面积 39.82 亿平方米，建筑面积 2.59 亿平方米，场地面积 19.92 亿平方米。其中，室内体育场地 16.91 万个，场地面积 0.62 亿平方米；室外体育场地 152.55 万个，场地面积 19.30 亿平方米。以 2013 年末全国内地总人口 13.61 亿人计算，平均每万人拥有体育场地 12.45 个，人均体育场地面积 1.46 平方米。教育系统管理的体育场地 66.05 万个，占全国体育资源总量的 38.98%；场地面积 10.56 亿平方米，占 53.01%。其中，高等院校 4.97 万个，占全国体育资源总量的 2.94%；场地面积 0.82 亿平方米，占 4.15%。

对比第五次全国体育场地普查（截至 2003 年 12 月 31 日），全国体育场地数量增加 84.45 万个，用地面积增加 17.32 亿平方米，建筑面积增加 1.84 亿平方米，场地面积增加 6.62 亿平方米，每万人拥有体育场地数增加 5.87 个，人均场地面积增加 0.43 平方米。种种数据表明，我国高校系统体育资源配置还有待提高，上升空间还很大。

一、人才优势

大学生是我们国家非常受人瞩目的团体，代表的是旺盛的生命力。他们具有最先进的思想、是中国养育的最顶尖的人才。大学生选择利用自己的知识以及技术去发展社会的物质文明以及精神文明，也为国家创造了未来。因此，大学生应有个健康的身体去积极的面对生活；积极地投身到文化活动里，提升自身的素养，心理上也要健康、有毅力和决心，增强融入社会的能力并不容易。立足于体育所携带的功能，体育是携带者的自然能力，可以加强人体自身拥有的心血管系统机能，完善和提升心理素质，增加呼吸系统技能水平、增强生长进步、寿命的延长、生活水平提高；体育所拥有的相关结构，通过自身的奋斗，不断完善体育拥有的自然结构，去达到教育的传递、身心放松的功能。大学生展现自己拥有的能力时，自身的身体状况也是一个展现方面。

二、教师优势

教师发展是教育发展的重要组成部分。《教师法》中指出："教师身为教育职业的重要操作者，有教其道理、培养人才，形成社会主义建设者及其接班人、对民族素质的责任感。"因此，教师的地位是很关键的，承受着进一步发展教育教学的责任，是花园的园丁，要积极主动培养高尚的人才。所以对中小学、高校教师学历方面、工作能力上有着更加严格的要求。每一所高校都应寻找高学历和品德好的专业教师，旨在形成工作能力高超、品质优良、教师团队科学、心理承受能力强大的教师团体，试图达到"积极而不是指导"的结果。经过导趣，可以让学生发现学习的快乐；经过导思，可以让学生学有所用；经过做，可以让学生学习更加简单；经过导法，可以去让学生掌握学习方法。

既要对高校学习上有更加严格的条件，也要去满足高等体育继续发展和存活的条件。这一点要求教师更加清楚地认识到自身在这些任务中所具有的重要意义，去严格要求自身不断学习进步，我们才能够开展与体育相关的科学综合性运动，促进阳光体育的发展。

三、教育优势

高校的主要职责就是人才培养，目的就是教书育人，任何的行为都是因人才而起。高校教育所展现出来的水准是增加人才技能，最后能够培养出高质量的人才是所有高校的最高目标。要想教育出高水平、高质量的优秀大学生就需要高校的教育者有高强度的责任感和工作水平，耗费大量的资金、精力去给高校学生们创造出一个好的学习环境，只有这样才能让学生们无时无刻都能够安静的学习。现在所倡导的素质教育，要求现在教育者将技能教育和学历教育放在同样重要的位置，素质教育和专业教育要

一同开展，使校园中营造出全面的书香气息，大学生不仅要学习到相关的专业知识，还要参与到丰富多彩的学生活动中去，使得自己的课外活动丰富。校园文化活动的主要组成部分就包括体育活动，现在很多人都明白了锻炼身体的必要性，锻炼身体有很多的好处，可以增强体质、拉近人与人之间的关系，使自己更加坚强，生命的价值更加清晰，所以，现在已经形成了全民锻炼的现象。

高校里进行阳光体育运动，具有自身空间大、人才数目多，教育也能够给予支持。科学地运用高校教育优势，用各式各样的体育运动方式，指引更多的人投入进去，达到高校阳光体育运动进行的更好的目的。

第四节　高校实施阳光体育运动的策略

一、校领导要对阳光体育工作备加关注

学校的管理层要贯彻阳光体育运动的精神，对施行阳光体育运动要高度重视。想要整体施行素质教育和丰富课外活动，加强同学们的体质就一定要全面实施阳光体育运动，由相关人员进行负责，要求各执其责，并且要有相关的标准评分标准，根据相关的情况来施行。要求管理层首先开始施行，一定要刮起阳光体育运动这阵风，使得全校热爱体育，形成人人都爱锻炼身体的现象。

二、对学生加强思想教育，提高健康意识

学生的身体和心理还有其他相关的发育最主要的阶段就是大学阶段，所以就一定要明白其相联的关于健康的理论是有能力发展阳光体育运动。"勤体育则强筋骨，强筋骨则体质可变，弱可转强，身心可并完。"学生在接受高等教育的同时还要加强锻炼身体，提高自身身体素质，为即将踏入社会打下一个良好的身体基础。所以，教师就一定要对学生们进行知识教育，要求正确的运动方法，提高他们的运动积极性。

三、营造良好的舆论氛围，加大宣传力度

学校的有关部门一定要用大力宣传，使得形成方便推广阳光体育活动的环境。通过课堂教育、课外活动、网络、海报、公告栏、知识竞赛等联系，大力推行"健康第一"的理念。让全体教师和学生都清楚健康的重要性，让学生自主走进大自然、走进操场，把自己融入体育活动中。将"力求完美，强身健体""五小时为一天的运动时间，科学工作50年，拥有健康快乐的人生"诸如此类的道理传播给学校里的每一个人。另外还可以利用体育运动相关的先进事迹、模范代表，加强学生积极投身体育的热情。

四、建立健全保障制度，做到有章可循

学生进行阳光体育运动对学校来说是一项消耗时间长、频率高、持续性的工作，我们必须遵守国家阳光体育标准的规定。根据实际情况在原有监管基础上加强监管力度，并且要计划出相对应的政策，体育锻炼须达到每天至少锻炼一小时。高校要合力组成一支教学水平高的体育教师队伍对阳光体育进行监管，对学生的锻炼进行指引，锻炼时间一定要符合规定。

五、加大经费投入，改善体育设施设备条件

在所有的学校中，体育场的地域资源是相当丰富的，因而这些地区所发展的阳光运动可以成功符合所要求的条件。但是，在《普通高校体育场馆设备设施目录》中有明确规定的有关情况下，仍有部分学校未达到该标准。因此，教育质量也差强人意，所以有关部门一定要完善设施，建设有关场地，使其达到基本的标准，能够让学生进行体育锻炼。

六、鼓励体育教师再学习，提高学历层次

指引学生加入运动项目的必要引领者就是体育老师。第一，体育教师一定要明白加入体育运动的性质，加强自身的锻炼想法，从自身开始。第二，学校要提高教师的教育水平，使得青年教师向外学习，注重工作水平和自身知识储备的提高。如果高级教师队伍没有组织起来，阳光体育的水平就不足以达到学生的需求。

第三章 阳光体育背景下高校公共体育课程体系建构

第一节 阳光体育运动与高校公共体育课程体系

高校公共体育课是高校培养学生综合能力的一个重要组成部分，对学生身心素质、运动技能、终身体育习惯、社会意识等的培养具有不可替代的作用。在"快乐体育""阳光体育""终身体育"等新体育观念的影响下，专家学者们对我国高校公共体育提出了一些有建设性的建议，这就促使我国的公共体育课从单纯的培养体育技能、增强学生体质逐步转向培养健康科学的体育健身习惯、终身受用的体育技能的方向发展。我国高校公共体育课现阶段正处于一个改革发展的阶段，正在逐步走出老式的公共体育课套路，向更加人性、合理、充分结合实际的方向发展。

一、关于"体育课程"和"公共体育课程"的理解

体育课程的含义不仅包括运动知识、技能和素质方面的内容，还包括运用体育手段对学生思想道德情操、行为习惯及精神健康等各个方面进行的培养与发展，既包括体育课、眼保健操、课间操，还包括学校体育竞赛和现代竞技运动、社会体育等。另外，体育课程具有两个层面的含义：一是它根据学校体育的目标，规定了一定层次及类型

的应教、应学的内容；二是对这些内容进行设计和安排，有目的、有计划、有组织地对学生进行培养和锻炼的内容。

公共体育课程不仅和体育院系的专业课程有区别，而且和高校教育中的其他文化类课程有区别。体育院系的专业课程是作为一个完整的体系存在的。它是科学性与人文性兼备的综合学科，而高校公共体育课程，虽然它也有科学性与人文性，但从本质上说，它是一门技艺类学科。所以说公共体育课程的性质是以"技艺性"为主，"科学性人文性"与"情意性"兼备的一门以实践为主的课程。

二、高校开设公共体育课的目的和作用

当今高校开设公共体育课的目的还是比较明确的，在《体育与健康课程标准》中，对高校公共体育课的课时、掌握技能等都有严格的规定，旨在培养学生积极参加体育锻炼的习惯、学习专业的运动技能、培养团结协助意识，以提高学生的身体素质、提高学生对社会体育的适应性。高校开设公共体育课的作用也是显而易见的，即在培养学生积极参与体育锻炼的同时，培养学生团结协作的意识、吃苦耐劳的拼搏精神、养成终身参与体育锻炼的习惯、使学生掌握终身受用运动技能。

三、普通高校公共体育课程存在的问题与分析

1. 课程设置和课程结构不合理

公共体育必修课是由国家教育部规定，各个教学单位必须要开设的体育课程。但是各个高校开设的方式却有很大区别，出现了多种类型，比如：普通体育课、选项体育课、保健体育课等。调查表明，只有8.9%的大学生喜欢普通体育课，而喜欢选项体育课的却占到32.1%，所以在普通高校中，学生更加喜欢的是选项体育课。从以人为本的角度去看，普通高校公共体育课程设置没有完全满足大学生的需求，与全国高校体育课程改革的进程还存在一定的差距，所以还要加大改革的力度。另外，体育课程结构还是比较单一的、形式不够灵活，与新《纲要》提出的"课内外一体化"结构还有很大的差距。

2. 体育实践课内容相对比较单一，难以满足学生的要求

随着课程改革的开展，各高校对体育课程内容都做了一定的调整，但是增加的幅

度还是太小，并且大部分高校开设的运动项目还是偏少。据调查表明，大多数学校开设的项目普遍集中在篮、排、足等球类及健美操项目上，这些课程在中学时学生大都接触过，有点重复以前的内容。然而当今比较流行的，学生比较喜欢的如游泳、网球、轮滑、台球等项目，很多学校又不能根据学生的需要进行开设，这就造成了学生对自己喜欢项目选择的可能性太小，仅有的几个项目又没有自己感兴趣的，可为了拿学分还必须要去选，这就形成了虽然课是自己选的，可是在课堂上学习的内容却不是自己喜欢的，这样势必会影响到教学效果。

3. 体育理论课开设偏少

国家教育局2002年颁发的《全国普通高等学校体育课程指导纲要》规定的理论时数是10%，然而调查结果显示，80%的教师理论课教学时数没有达到10%。从教材内容看，各高校在教材的使用与教学内容的选择上侧重点有别，并不规范。使用的教材的共同特点是知识结构与内容比较陈旧，缺乏先进性、科学性、针对性和时代感，没能反映近年来体育社会科学与体育自然科学研究的最新成果。这表明在现阶段高校体育教材体系中，轻视理论知识教学的现象还是相当严重的。理论教学时数得不到保证，对于素质教育的实施、教学质量的提高以及对我国顺利实施全民健身计划必然带来一定程度的负面影响。

4. 体育教学理念和方法陈旧

由国家教育部审定的全国普通高等院校体育教材《理论教程》中明确提出：我国高校体育的总目标是"引导教育大学生主动、积极地锻炼身体，掌握现代体育科学的基本知识、技能、技术和锻炼身体的方法；有效增强体质，促进身心和谐发展；建立正确的体育意识的观念；提高体育文化素养；获得独立从事体育的基本能力；培养终身体育的兴趣和习惯，为自身的全面发展打下基础"。而多年来，高校体育课程过分强调社会需要，过分强调技术教学，过分地追求增强体质，于是体育课变成"技术课""体质课"。这种教育思想具有一定的片面性，使体育课成为训练课而没有考虑到学生的主体需要，忽视了学生身心的健康，没有考虑学生的身体差异和特点，忽视了学生的个性特点、兴趣以及情感上获得的成功感和愉快体验等，不利于学生身心健康的发展。从教学模式和教学方法上看，高校公共体育教学虽然开始向着提高学生全面素质的方

向转变，但缺乏具体的措施，教学的重点还是学习各种竞技项目的技术、技能。课堂教学分为开始部分、准备部分、基本部分和结束部分。不管什么内容的教学，基本都按一个模式讲解、示范、学生练习、纠正动作错误等。教师把教学的主要精力放在了动作技术的精雕细刻上，使整个教学过程气氛沉闷，不利于激发学生的学习兴趣，达不到很好的学习教学效果。

四、阳光体育在高校体育教学应用分析

阳光体育对于体育教学有着重要的促进作用，因此，在教学活动中必须分析体育教学的实施过程，提升阳光体育在体育教学的影响能力，具体分析如下。

1. 原生态体育教学氛围创设分析

阳光体育强调与大自然的结合，在实际教学中就能够创造原生态的体育教学环境，提升学生在体育教学的自然艺术特征。例如，在体育课堂教学中可以为学生播放原生态的音乐，让学生在感受这种纯自然的氛围中展开活动，能够让学生全身心的融入课程所创造的教学环境中。

2. 阳光体育的综合教学机制

在阳光体育应用过程中，应将阳光体育精神作为整个体育教学的核心指导思想，具体教学包括：第一，以阳光体育作为课程计划指导方针，在进行体育备课中以阳光体育教学目标，要求课程开展内容与阳光体育要求一致，并且能够在教学计划中体现阳光体育的特征；第二，阳光体育作为课堂考核指标，在体育教学中强调阳光体育的重要性，能够以阳光体育作为衡量教学水平的重要因素；第三，设置灵活的课程结构体，学生可根据个体的生理条件、技术基础、个人兴趣和发展需要来选择。

3. 阳光体育教学长效机制

阳光体育教学不仅要在课堂上开展，而且要让学生能够在课堂外开展阳光体育活动，这就要求阳光体育教学课堂进行合理的设置。在阳光体育教学课堂上，教师可以给学生布置相应的活动任务，让学生主动的参与到体育活动中，并且能够在长期形成体育活动习惯。

阳光体育精神在当前体育教学中有着重要的指导意义，在教学中切实开展体育教

学活动能够真正促进学生身体素质和心理素质的发展，对于学生的未来成长有着重要作用。因此，在体育课堂上就能够通过创设原生态体育教学氛围，构建阳光体育综合教学机制，实施阳光体育教学长效机制，从而促使阳光体育在体育教学中的顺利展开。

五、以阳光体育运动为背景改革高校公共体育课程教学的原因

1. 体育教师未能准确理解高校公共体育课程教学

目前，高校公共体育课程教师对公共体育课程教学的认识存在偏差。有些教师认为，高校公共体育课程就是一项教学任务，学生考试能及格就行。忽视了学生的主体地位和强身健体的根本目标；也有教师过于注重通过公共体育课程来增强学生的身心素质，却极少反思教学内容、教学手段甚至学生的个体差异等情况。还有教师将公共体育课程当成学生休闲娱乐的手段，公共体育课程固然兼具娱乐性质，但其核心宗旨仍是强化学生的身体素质，切不可颠倒。

2. 高校开展公共体育课程的物质基础薄弱

物质质量难保证，即高校开展公共体育课程的设施设备比较落后，更新周期较长。大部分高校的体育设施设备沿用了很多年，有些超过了服役年限甚至多处损坏，也无人问津，严重威胁着学生的人身安全，与阳光体育运动的理念和目标背道而驰。

物质数量跟不上，即高校开展公共体育课程的设施设备有限，除了场地之外，可用的器材也屈指可数，有些学生一节课下来只能体验一两种器材，势必影响学生多项体育技能的练习和掌握。

3. 高校公共体育课程的教学内容和教学手段有待完善

一方面是教学内容单一、枯燥，而且长期重复，学生可选择的余地较小，经常出现一个体育教师教授几十甚至上百个学生体育课程的现象，长此以往，会打压师生教与学的兴趣，也难以收获较高的教学质量。

另一方面是教学手段仍以传统为主，教师单纯地"教"，学生只负责"学"，缺乏语言和动作上的互动，应付倾向严重。

六、以阳光体育运动为背景改革高校公共体育课程教学的措施

从人员层面来看。一是体育教师要转变观念，真正认识到阳光体育运动和高校公共体育课程都是服务于大学生乃至公众的身心素质提高的，在实现这个目标的过程中，应定期或及时反思，包括教学内容、教学手段以及教师自身等，应准确分辨体育课程强身健体功能和娱乐功能的主次地位。二是壮大体育教师队伍，每个体育运动项目至少要配备两名专业教师，相互配合工作（如一个领队教授，一个纠正学生动作等）或轮流开展体育教学课程等。三是体育教师应具备学习意识和能力，不断充实、提高自己的专业知识、素质和技能，这样才能应对教学过程大学生提出的各种有关体育的问题。

从教学层面来看。一是教学内容。应在传统教学内容即传统体育项目基础上，引进热门体育项目，如休闲体育（瑜伽、轮滑、街舞等），或传统民族体育项目（如跳绳、踢毽子等），尤其是那些对场地、环境等因素要求较低的体育项目，在激发学生学习兴趣的同时，也能实现学生多种技能掌握的目标，团体性体育项目的增多也更有利于锻炼学生的团结合作、交际、沟通等综合能力。二是教学手段。应打破传统"教"与"学"分离的局面，使教师变成学生的良师益友，在互动中传授知识、技能，并持续研发新的教学手段（如视频教学、利用即时媒体教学等），解决学生的遗留问题，培养学生信心，对于学生参与专业课的学习也非常有利。三是教学设备。应成立专门的体育设备设施维修、维护、更新部门，保证教学设备质量无忧、数量充足，奠定教学物质基础。

从技术创新层面来看。阳光体育运动的发展线是从各级学校到社会大众，形成全民运动之势，而目前全民参与最多的运动形式之一，就是可记录运动情况的相关APP或公众号等。根据各级学校的实际情况，建议高校借助运动公众号形式，即开通本高校专属的运动公众号，鼓励师生参与其中，持续记录师生参与公共体育课程的过程及具体情况，包括记步、运动量以及课程相关问题（如课程进展、教师备课情况、学生接受程度、遗留问题等），也可以设置排行榜，分教师和学生两大部分，根据课程过程中教师的参与情况和学生的表现情况进行排名，以此调动学生的竞争意识，激发学生接受体育课程学习的积极主动性，也能督促教师不断完善本职工作，提高教学质量。

第二节 阳光体育运动在高校发展的研究现状

传统体育存在的种种弊端使学生喜欢体育却不喜欢上体育课的现象普遍存在，如何摆脱这一困境，让学生积极主动地参与到体育锻炼中来，从而真正起到锻炼身体、增强体质使身心得到全面发展，是摆在广大体育工作者面前的一个重大难题。阳光体育运动的提出给广大体育工作者带来了希望，为高校公共体育课程改革指明了方向。近年来，广大体育工作者纷纷投入到此领域的研究与探索中来。

一、对高校开展阳光体育运动意义的研究

苗秀丽在《开展亿万学生阳光体育运动的认识与思考》中指出，开展阳光体育的目的在于全面增进青少年体质，而开展的途径在于提高认识、加强师资队伍建设、建立有效监督机制以及抓好课内外相结合等。

黄祖林在《从阳光体育的内涵与特征审视体育教育专业的改革》中指出，阳光体育要面向全体学生、促进全面发展、强调主动精神并关注终身可持续发展。

马占科在《"亿万学生阳光体育运动"与构建和谐社会》一文中指出，阳光体育运动或体育运动对人的全面发展、促进人际关系的融洽、提高人的身体和心理机能都有着不可低估的作用。

王宽在《阳光体育运动对校园体育文化的影响》中指出，阳光体育运动对校园体育意识文化、校园体育行为文化和校园体育物质文化的构建起着不可忽视的作用。

二、对高校阳光体育运动与公共体育课程的关系研究

赵丽萍在《对我国普通高校实施阳光体育运动的思考》中对全国30所普通高校展开调查，指出公共体育课程是推行阳光体育运动的基础，以学分制为引导，改革

体育选课方式，加大课内外一体化是促进阳光体育运动与公共体育课程质量共同提高的关键。

潘红玲在《阳光教育理念对高校体育课程改革的启示》中指出，目前高校公共体育课程教学的教学任务、课程内容和教学方法均不适应阳光体育运动的开展，在公共体育中实施"阳光体育"是未来的必然选择。

三、阳光体育运动背景下对高校公共体育课程的改革研究

杨庆辞、易长江在《阳光体育运动背景下的高校体育课程改革研究》中指出，高校体育课程改革要树立现代健康的理念，创设多种课程模式，满足学生个体不同层次的发展需求，加大课程资源的开发与利用，丰富活动的内容与形式，建立终身体育课程体系。

于奎龙，吴长稳在《阳光体育运动视角下高校公共体育课教学改革的思考》中，分析了阳光体育运动产生背景、内涵及高校公共体育课体育教学的现状等，结合阳光体育运动的"健康第一""达标创优"等理念，创立多种教学模式，更新与挖掘学习内容，建立课内外一体化的体育锻炼机制，使学生体育锻炼经常化、生活化，改革高校公共体育课程评价方式等。

王明立在《阳光体育运动实施与普通高校体育新课程创新教学模式构建》中指出，在思考阳光体育运动目的和意义的基础上，提出了体育教学中引进运动教育模式、开展"四三"在内的创新运行模式。

张伟在《普通高校阳光体育运动与体育课程改革的研究》中通过问卷调查发现，在高校体育课程增加运动体验课、体育欣赏、奥林匹克文化、体育演讲、体育名家讲座等内容，更受学生们的欢迎和喜爱。

都菊英在《"阳光体育"语境下高校公共体育课改革的思考》中提出，为适应阳光体育运动的新语境，高校公共体育课程要从目标定位、学习内容、组织形式、教育手段及环境营造等几个方面进行全面改革。

这些研究，从不同的出发点指出了开展阳光体育运动的重要意义和价值、目前高校公共体育课程面临的主要问题及针对阳光体育运动的精神对高校公共体育课程的改

革提出了相应的建议，其中的某些观点和改革措施对本课题的开展提供了重要的理论支撑，基于阳光体育运动背景下高校公共体育课程新体系提供了有益的启发。但是，通过分析不难看出，近年来，虽然对阳光体育运动与高校公共体育课程体系的研究层出不穷，但是这些研究仅仅从局部进行了阐述，呈现出片面性，没有进行综合性的整体研究。也就是说，目前与我国阳光体育运动相适应的完整高校公共体育课程体系还没有建立起来。因此，在阳光体育运动背景下建立高校公共体育课程新体系具有开创性和前瞻性，无论是对我国阳光体育运动的可持续发展还是对高校公共体育课程体系的完善，都将产生深远的影响。

第三节　阳光体育运动背景下高校公共体育课程体系基本结构

马克思主义唯物论认为一切事物都处在永不休止的活动、改变和持续不断变化的过程中。所以我们要用发展的眼光看待和思考问题，以往的高等学校体能教育课程系统已经逐渐不适应当今社会。这便需要我们去探讨研究，主要对手段、教学形式、教学内容和方法，授课目的等进行讨论，从而实现阳光体育运动的目的。基本结构如下图所示。

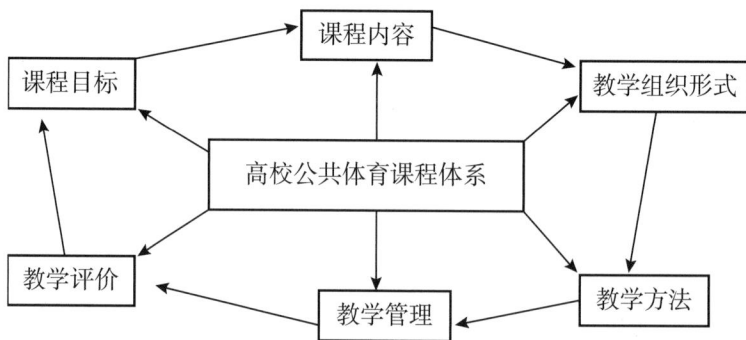

阳光体育运动背景下高校公共体育课程体系基本结构

一、阳光体育运动背景下研究高校公共传授体能教育知识的授课目的

高等教育学校的体能教育教学目的即师生双方在教学过程中想要达到的境界和标准，这一目的体现了高等教育学校的体能教育教学指导方针。在阳光体育运动背景下制定高校公共传授体能教育知识的授课目的，不仅要重视短期目的，也要重视长期目的的实现，对显性及隐性目的也要加倍重视并对其进行研究。纵观全局，从宏观的角

度看待问题，对教学内容手段方式方法都要重新制定，结合这一目的，决定教学结果和体能教育人才培养的质量以及高等教育学校的传授体能教育知识授课改革的方向。我们要高度重视高等教育学校体能教育目的的制定，让其符合阳光体育运动的校园公共体能教育。教学目的要保证其科学、严谨、客观、求实以及时代性，让学生们真正喜欢高校公共传授体能教育知识的授课，积极参与并以此为终身锻炼的方向。

1. 阳光体育运动背景下制定高校公共传授体能教育知识的授课目的的依据

（1）以"健康第一"为指导方针。

1999 年 6 月发布的《中共中央国务院关于深化教育改革全面推进素质教育的决定》提出"学校教育要树立健康第一的方针"，自此体能教育教学实践一直贯彻着"健康第一"的方针。现如今随着时代的不断变化，人们的要求也越来越高，对个人健康也尤为重视。以前人们只要身体没有病痛就满足了，但对当代人来说心态健康已经成为关注的首要事项。阳光体育运动是以期望增强学生体质的初衷开始的，这一活动不仅让学生培养了活动习惯，更加对学生的身心健康起到了很大的积极影响，而开展阳光体育运动便是为了"健康第一"这个活动理念。我们应积极响应《决定》所提出的一系列要求，从而制定高等教育学校的体能教育活动课程，从新的健康理念出发来实现阳光体育运动的目的。

（2）以学生"主体不断变化"为理念。

我国教育家孔子说过："知之者不如好知者，好知者不如乐知者。"意思即说人们只有感兴趣才会更好地去学习，所以在传授体能教育知识的授课中，教师要想办法增加课堂趣味性，让学生对传授体能教育知识的授课充满兴趣，这样学生才会投入于此，便于养成一个良好的活动习惯。体能教育活动不同于其他科目，它具有自身独特性：学生身体素质，学生兴趣爱好所在，教学形式的多种多样以及体能教育项目的多样性等。因此，传统的教学方式已经不能满足当代人崇尚健康的需求。阳光体育运动提倡大家多多进行户外活动，让自己尽量地吸收阳光，主动地参与到体能教育活动当中。所以要根据不同人群制定不同的教学方式、教学目的，这样更利于教育目的的实现。

（3）以"终身体育教育"为宗旨。

大学里的体能教育教学即学生们接触的最高等级的体能教育教学是学习的最终阶段，具有与社会体能教育相联系的特点。这对学生理念的形成起着十分重要的作用。因此，高校公共体能教育的研究与不断变化对培养大学生体能教育意识，形成体能教育能力具有重要的现实意义。

阳光体育运动即一小时日常锻炼、健康工作五十年、快乐一辈子的体能教育方针，高校公共传授体能教育知识的授课开发需要课程的制定，以传授体能教育知识的授课不断变化的精神为目的。在创建体能教育目的的过程中就生活效益而言，我们应该采取课堂教学体能教育、俱乐部教育和课外体能教育活动的形式并以班级为重点，注重课外社会实践，积极锻炼学生意识，培养自觉享受的技能，掌握科学的锻炼方法，引导他们创造健康的生活方式，使"终身体育教育"在生活和工作中真正成为重要的组成部分，培养健康的身体。

2. 阳光体育运动背景下高校公共传授体能教育知识的授课目的新理念

（1）全面增强身体素质。

随着阳光体育运动的研究，许多科学家纷纷投入相关项目，增强学生的身体素质成为每个研究人员活动的焦点，各种心态健康研究表明情感不断变化，让社会适应学生使其作为生活健康的人，而不是缺乏身体健康的人。身体健康即一切健康的基础，体能教育院校课程的具体目的应该以加强体质作为中心思想，整体不断变化主要是稳步坚持。阳光体育运动提出"达标争优、强健体魄"积极参与体能教育教学，掌握至少2项体能教育知识技术、身体健康评价标准的技能和知识掌握方法的锻炼以及预防和治疗活动损伤健康生活方式，从而加强高校公共体能教育的作用和改善大学生生理机能强健体质适应环境，掌握科学的活动方法并保持健康的体质。

（2）健全人格、缓解心理压力。

当今社会，身心健康和一个人的人际关系、社会地位有着不可分割的关系，社会不断变化，大家的生活节奏也很快，强大的社会竞争导致了越来越多的人有或轻或重的精神问题，在这个社会生存的人们被这些问题烦扰着，成为当今社会一个强大的精神毁灭者。因此，体能教育活动还有一个重要的使命，这也形成了公共体能教育的使命。

在阳光体育运动的背景下,想要不断变化大学体能教育活动授课的目的是特别重要的,对学生而言,心态健康问题也急需被关注,学生的品德、社会责任、爱国情怀、文明礼貌等都在我们需要管理的范畴。良好的心态、强烈的自信、坚强的意志,克服困难、压力、挫折,勇敢挑战体能教育活动的能力,与他人一起组织和管理能力等为未来打下坚实的基础。

（3）激发兴趣培养终身体育教育能力。

高校公共传授体能教育知识的授课要求,不仅仅在身体方面,在心态方面对学生要求"走进大自然、走到阳光下、走到操场上"。学校体能教育与社会体能教育专业在公共传授体能教育知识授课中的衔接,对学生锻炼习惯的养成起着重要作用,在不断变化中发挥着纽带作用。因此,高校公共传授体能教育知识的授课目的设置过程始终独立于学生体能教育中心的不断变化,根据学生的兴趣来培养锻炼习惯,为终身体育教育能力的开发打下坚实的基础。

在建立知识理论的过程中,高校公共传授体能教育知识的授课目的侧重于各种体能教育。体能教育技术、体能教育活动损伤等知识,如何实践一个理论内容,如开设体能教育活动后的学校俱乐部,大学公共传授体能教育知识的授课,也要作为课程体系的一部分。发展活动俱乐部、体能教育俱乐部和体能教育社团,加强公司治理体系的形成,以应对资金形成以支持体能教育组织、体能教育场馆设施为导向,以恒定和不断变化速度为导向的秩序。班级课和课余体能教育俱乐部的体能教育活动"三位一体",学生可以参加体能教育活动给予身体力行的支持,保护各种形式的体能教育活动以及礼仪活动,形成锻炼习惯的意识。

二、阳光体育运动背景下研究高校公共传授体能教育知识的授课内容

1. 阳光体育运动背景下高校公共传授体能教育知识的授课内容确定的原则

国际大学体能教育联盟在教育上,没有固定的活动和游戏,而大学授课中必须存在有形式的项目。按书本上的知识来说,项目越多可供学生选择的路径也就越多,选

择的空间也越大，这样就能让学生经常地更换项目，帮助学生最大限度地发挥出主观能动性。但活动项目不一样，其活动所带来的效果也不一样，计划的活动项目带来的效果跟实际得到的效果也是不尽相同的。因此，在教育内容的实施上，我们在追求丰富性的同时应重视科学性和有效性，充分考虑各个项目的影响因素，充分理解各项目的活动特征，避免资源浪费必须优化效果，应始终贯彻科学性、统一性、柔韧性、健康性及文化性、不断变化性和永久性相结合的原则。

（1）可行性与科学性相结合的原则。

可行性是保证传授体能教育知识的授课内容不断变化的重要因素，体能教育科学课程是现代化的重要体现。在阳光体育运动里公立高等教育学校的传授体能教育知识授课的开发，必须立足于阳光体育运动的目的驱动，根据课程目的的要求进行体能教育，根据各学校地理区域、民族特色，适当地进行学校体能教育，法学专业学生遵循身心爱好和体能教育不断变化的规律，与时俱进地不断变化步伐，放弃了陈旧枯燥的传统公立高等教育学校的传授体能教育知识的授课内容，引进新体能教育，充分调动学生的学习积极性。然而一些学校盲目追求时尚，开辟了许多新的活动，如保龄球、高尔夫球、滑雪、航海、登山，但缺乏适当的教学师资和活动器材，很难将之付诸实践，最终成为一种陈设，严重地打击了学生参加体能教育活动的积极性。

随着现代化技术的飞速发展，网络技术广泛应用于体能教育课程，对体育教育来说，丰富多彩的技术让人们体验了丰富多彩的视觉效果。现代化技术冲击着什么样的教师呢？只追求科学技术、追求传统的强术动作示范法等基本功能。任何与现实脱离的改革都像空中的星星。因此能坚持科学和现实的结合，选择具有原则性，在很好地挖掘本文特色的体能教育项目中，追求流行的同时也不脱离实际条件。

（2）统一性与灵活性相结合的原则。

统一性即相对多数地区多数学生的灵活性。首先中国的经济不断变化，不同地区存在不平衡的教育条件，不同的地域如果过分强调统一，这将使当地的现实教育方案内容有所偏差，而不利于促进当地学校动员学生的积极性。因此在高等教育学校体能教育公共课内容的确定上，应根据当地学校的特色办学理念等考虑到的因素为目的，如现场服务和投资基金设立的学校课程为学校的特性目的。如登山、攀岩或东北活动溜冰、滑雪课程或沿海地区活动游泳课等。这不仅对传统体能教育项目的继承和持续发展，也提高了学生对体能教育课的积极性。

其次，不同的学生在同一阶段身体发育状况不一样。有的学生先天素质相对灵活，学习项目更得心应手。但有些学生的先天素质较差，需要一定的努力才能达到要求。一些学生在灵活性方面占主导地位，而一些学生在爆发性力量中占主导地位；男孩喜欢活动更具对抗性活动，而女孩更喜欢软式的活动。所以教师在教学过程中不能在统一的标准下选择课程内容，必须始终坚持统一和灵活相结合的原则，立足于保证基本必修课。教学内容多元化的精神是为了让学生自由选择一项活动，充分发挥每个学生的潜能。使每一个学生在学习过程中能够真正体验到体能教育的乐趣。

（3）健身性与文化性相结合的原则。

任何知识体系都基于一定的世界观和方法论，活动的基础即体能教育文化。没有文化就不能形成活动，也不能不断变化体能教育事业。我们不能简单地认为高等教育学校的体能教育只有跑、跳及各类球活动。体能教育健身为大家熟知，而且高校公共体能教育的内容必须得到保证，在注重技术、技能的教学过程中，我们忽略传授理论知识，使学生无法理解和掌握学习过程中相应的知识，因此也引进了许多先进的教学策略和方法。

开展阳光体育运动为公共传授体能教育知识的授课注入新的活力，课程内容的选择上始终坚持以"健康第一"的原则，增加理论知识的相关内容，让学生有活动目的，明白他们学习能掌握什么，系统全面地真正了解并学会使用。鼓励学生听体能教育相关的讲座以及参加相关知识竞赛并举办体能教育图片展览，观看各种体能教育比赛和体能教育文化，促进高校建设形成的体能教育文化。高等教育学校的体能教育文化的不断变化，使学生树立正确体能教育价值观，为未来奠定终身体育教育锻炼打下坚实的基础。

（4）不断变化性与终身性相结合的原则。

高等教育学校的体能教育是学生定期体能教育学习的最后阶段，当在选择传授体能教育知识授课内容时，既要考虑到学生年龄不断变化的特点，也要强调实时性变化，更要考虑学生的未来生活，注重教学内容的延迟。需要公共大学传授

体能教育知识授课内容，不能盲目随意地为了发展而发展，应该用统一的原则和要求完成基本任务下的高校公共传授体能教育知识的授课目的。在科学教授的指导下有效地教学，学生积极主动地参加活动，拓展身体以适应社会。公立大学传授体能教育知识的授课内容开发重点应放在学生的各个方面，不能忽视终身体育教育文化。因此，在体能教育教学中我们应该选择那些受大学生欢迎，可以丰富和活跃体能教育活动的体能教育，让大学生的文化生活及传授体能教育知识的授课内容具有浓厚的时代气息。让学生在欢快愉悦的教学环境下，自觉养成体育锻炼的习惯。

（5）民族性与世界性相结合的原则。

民族与世界的结合是文化不断变化的趋势，也是高等教育学校传授体能教育知识的授课不断变化的必然选择。随着世界经济、文化和意识形态的不断交流与融合，民族与世界的结合成为社会文化不断变化的重要特征，也是公共体能教育内容选择的重要依据。体能教育文化是人类创造的共同财富，无论种族、国界，一切优秀的体能教育文化都具有强大的生命力，可以被世界各地的人们所接受。在阳光体育运动的背景下，民族与世界相结合的原则十分重要，同时对于高校公共传授体能教育知识授课内容的选择也提出了更高的要求。在引进和吸收各种球类、体操、健美操的过程中，高校公共传授体能教育知识的授课内容不应忽视其传统体能教育内容，如少年拳击、五禽戏、八段金、太极拳、太极剑。此外，我们必须继承一些具有地方特色的体能教育活动，如打羽毛球、步行高跷、跳绳、舞龙、舞狮等。我国传授体能教育知识的授课规划应立足于弘扬民族传统体能教育，汲取世界优秀体能教育文化的精华，体现时代、民族和普遍性的新大学课程内容。

2. 阳光体育运动背景下高校公共传授体能教育知识的授课内容新理念

目前根据阳光体育运动的总体要求，大学公共传授体能教育知识授课应该怎样做才能打破传统体能教育活动呢？内容体系应以技术为中心，优化竞技体能教育、竞技比赛模式，活动的积极变化，减少竞争的标准和规则很难形成新的课程理念，但和阳光体育运动相结合可以吸引更多的学生参与体能教育活动，以增强学生体质，提高学生的身心健康，促进学生全面发展娱乐健身教育的体能教育方针，更好地促进公立高校的反映能力以提高传授体能教育知识授课内容的不断变化，反过来又在高校广泛地推动了阳光体育运动。

（1）课程内容应具有层次性。

为满足阳光体育运动的要求和学生的身心不断变化，根据学生的生理条件、技术基础设施、个人利益以及不断变化的需求，我们提出了基础班和教学班，主要组织安排课程内容。健康体能测试不能满足的学生可以在课程教学内容的基础上主要学习基本技术、技能和理论知识来提高他们的体质，在教师的指导下掌握基本的活动能力，起到锻炼身体增强体质的作用。

一些人通过考试可以进入不断变化的课程，课程内容主要为培养学生的活动兴趣，主要体现学生的主动性。根据自己的兴趣学习的学生，他们在体能教育选项课中选择最喜欢的活动，使他们的愿望在课堂教学的基础上，不仅可以从游戏中掌握特殊的技能，减低心里压力而且也助于形成一个充满活力自信健康的生活方式。不同层次、不同形式的教学内容需要的适应学生的生理和心态不断变化，为终身体育教育奠定坚实的基础。

（2）课程内容应具有多样化。

在阳光体育运动的背景下，应加大高校公共传授体能教育知识授课的具体内容，以反映当代体能教育不断变化水平和跨学科教学内容，拓宽学生知识，提高学生的技能，提高学生的整体素质。这是时代不断变化的必然要求，也体现了阳光体育运动的精神。高校的体能教育课程内容的设置，应该密切把握时尚体能教育的脉搏，了解当代大学生体能教育需求，在学校条件允许的情况下，根据当地实际情况，传授体能教育知识的授课内容，设置灵活、内容新颖的体能教育和广泛的民族之间的传统体能教育和休闲体能教育。

如新兴的活动：攀岩、拓展活动、健美操、定向越野、体能教育舞蹈等，体能教育教师要认真研究新兴体能教育活动项目的特点，科学合理地组织教学，让学生充分了解新项目。同时，还要积极探索高校公共传授体能教育知识的授课改革，我们不能忽视挖掘民间体能教育项目，应积极开展充满民族特色的活动，如武术、龙狮舞蹈、船、鼓、秧歌。高校的体能教育项目和传统体能教育竞赛不断的变化，应为高校公共传授体能教育知识的授课内容，对传统体能教育的娱乐变换为竞争性质体能教育竞技，大

力开展类似骑自行车、慢走、跑步、跳绳、跳皮筋、踢毽子等趣味竞赛，同时减少对竞技体能教育项目的规则和标准（例如排球比赛六到九下降的净高度）不仅有助于提高学生学习的积极性、主动性和培养学生参加体能教育锻炼的兴趣，而且还可以活跃课堂气氛，有利于实现公共高校传授体能教育知识的授课教学目的，完成课堂体能教育，提高教学效率。

（3）课程内容应具有实践性。

实践是检验真理的唯一标准。公立大学传授体能教育知识的授课内容也只有课程与教学实践才能发挥它的价值，与其相结合的理论内容如果缺乏实际的公立大学传授体能教育知识的授课内容，那么它将变得毫无意义。公立大学传授体能教育知识的授课内容应始终把握实际的健身理念，课程内容与社会生活实际相互联系，真正地实现阳光体育运动提出的"每天锻炼一小时，健康工作五十年，幸福生活一辈子"的健康理念。

一些学校在课程设置上目光短浅，只注重实现教学效果，忽视了学生形成长期的健身意识，导致许多学生在大学后的体能教育并没有获得一个定量的活动能力，没有形成自己的体能教育活动，这不仅影响了他们未来的行为和兴趣活动，也不利于发展终身体育教育行为。因此，公立高等教育学校传授体能教育知识的授课内容选择应立足于现实及充分考虑学生的心态需求和兴趣要求，选择体能教育项目的实用性。比如游泳、野外生存、女子自卫术、跆拳道、武术等。使学生参加课外活动或遇到意想不到的事件可以学会运用，将体能教育的价值真正体现出来。

（4）课程内容要有理论的支撑。

如果实践活动从理论支撑中脱离，那么它将成为根本不存在的东西。公共传授体能教育知识的授课是高校理论知识课程内容的重要组成部分。理论知识的教学可以通过理论课来实现体能教育与健康基础，理论知识可以结合到实践里，丰富学生参加演习的经验，自然明白这些知识。该理论课程的主要组织形式即体能教师传授理论知识，理论课的不断变化直接关系到学生理论知识的掌握。因此，在教学过程中教师不能谈和任务技术技能与无关的事情，我们应该谈论体能教育，体能教育的原则、活动的历史，预防伤害的物理方法，根据有效性、针对性指导理论的原则，科学建立高等教育学校的体能教育理论的新系统，以满足学生的未来需求。只有这样我们才能更好地与实践相结合，使理论知识的学习真正服务到实践中，使他们相互影响，促进高校公共传授体能教育知识的授课内容得到改进并为其提供理论依据，实践教学促进理论知识的不断变化和完善。

3. 阳光体育运动背景下高校公共传授体能教育知识的授课内容研究

体能教育项目的内容即整个体系的主体部分对实现最终目的也有至关重要的作用，即体能教育教师，他们是体能教育教学活动的重要基础。阳光体育运动在高校大范围体能教育不断变化中是所有教育家的新挑战即改革传统的大学课程内容，使其适应阳光体育运动的精神要求，这是每个教育工作者的任务。这一背景下新概念的内容势在必行。

三、改造传统的班级授课制

17 世纪捷克教育家称赞美国在《大教学论》书中提到的，"根据课堂内容确定教学形式、课堂教学系统以及教学的基本形式"。其特点：固定的班级、课程进度，计划性强、效率高。班级授课制课堂教学质量将确保课堂纪律放在突出有利的位置，学校体能教育教学的基本形式的教学内容千篇一律，基本上老师讲学生听，老师在教学中处领先地位，这对体能教育教学过程培养学生良好的学习心态、学生交流、合作，挖掘学生自身潜能和激发学生参与的兴趣等方面都十分不利。因此，我们要注重学习和讨论，班级授课制来改变这个刚性作坊式的教学组织形式，使之适应阳光体育运动的要求和学生身心不断变化的需要。

（1）理论课教学。

在体能教育理论课教学过程中尽可能地采取组织教学，开放的讨论形式让学生作为主体，教师主导课程的方法，学生们被分成不同的研究小组，鼓励学生之间的相互合作与交流，相互支持和帮助，发挥各自有利的优势。

（2）实践课教学。

在体能教育实践教学过程中主要由教学项目组织教学，组织教学男女混合或其他形式。通过项目教学的组织，学生根据自己的兴趣选择项目，教师的教学要根据所选

项目组织分类。教学组织来自不同的大学却因为共同的兴趣走到一起，因此可以使学生加深理解。这种形式有利于不同专业之间的相互沟通，帮助学生掌握和运用活动技术，构成了整个校园体能教育文化。

针对男女生教学布局的不同情况对教学内容、合理开发教学进度、教学方法和考核标准，这一教学组织更能体现公平、公正的原则。从心态上说更多的学生想要了解异性愿意为异性面前表达自己，在一个班男女学生可以调节课堂气氛，激发学生的学习积极性，提高他们的学习动机，获得学习在活动中快乐的体验。男女混合班教学有优点也有缺点，教师应该在教学过程中合理选择，从而实现教学效果的优化。

四、阳光体育运动背景下研究高校公共传授体能教育知识的授课方法

1. 阳光体育运动背景下高校公共传授体能教育知识的授课教学方法选择的依据

（1）依据体能教育教学目的选择教学方法。

传授体能教育知识的授课目的对教学方法的选择具有指导意义，体能教育教学方法应根据课程目的而有所不同。例如，如果教学目的强调传授体能教育理论知识，就可以采用基于语言传递信息的解释方法；如果教学目的强调培养学生的体能能力，就可以采用基于实践的教学方法；要以培养学生的合作精神和人际交往为主体的教学作为目的，可以采用基于游戏活动和教学游戏的教学方法。在阳光体育运动的背景下，传授体能教育知识的授课目的，不仅要包括提高学生体质的目的，还包括培养学生健康心态的目的，以及提高学生适应社会不断变化的能力和终身体育锻炼的习惯。因此，在体能教育教学过程中，体能教育教师应根据不同的教学目的，明确相应的教学目的，选择合理的教学方法。

（2）依据体能教育教学内容选择教学方法。

教学内容即体能教育教学，是一种物理教育活动。教学方法在教学中起决定性的作用，不同的教学内容要求也有一定的差异。例如，解释法律并经常在教学中使用，在通常叙述的螺旋法重复法，简单易分解的教学内容，动作完整的方法经常被用来教学，

可以分解的复杂事物且对其事物的整体运作没有太大的动作影响可以用分解法教授，各种活动都可以使用多媒体演示等教学方法。体能教育教师应该灵活，教学过程中教学方法可根据教学内容的特点选择不同教学方法。

（3）依据学生的实际特点选择教学方法。

学生的实际特点主要指学生现有的知识水平、智力水平、学生的学习动机、状态、年龄、心态的阶段特征、认知风格、学习习惯等。心态研究和教学实践表明，学生和体能教育的实际特征之间相互影响。不同年级学生在一个动作完成之后有不同的感受，会遇到不同的问题。因此在体能教育教学中，体能教育教师应根据每个学生的基本身体素质、心态特征、爱好等有针对性地选择合适的教学方法，引导他们积极参加体能教育锻炼和提高教学效率。以实现传授体能教育知识的教学目的，使学生在学习掌握体能教育知识、活动技能的同时，促进身心的全面发展奠定坚实的基础。

（4）依据教学设施选择教学方法。

教学设施即保证体能教育教学顺利的物质基础。这里主要指学校的体能教育教学设施、教学设备和设施。它制约着体能教育教学设施和教学方法的实施。优良的体能教育设施可以促进体能教育教学方法的充分发挥。例如，健美操、舞蹈、体能教育舞蹈在音乐的伴奏下，如果音响设备缺乏就很难达到理想的教学效果；羽毛球、网球、乒乓球则受外界环境的影响。在室内体育馆中减少环境因素的刺激，有利于发挥主体的教学方法和提高教学效果。如果室内体育场没有保证就很难组织教学实现教学效果。

2. 阳光体育运动背景下高校公共传授体能教育知识的授课教学方法

在阳光体育运动中，公立大学体能教育教学方法不只是老师传授的知识工具，也是一名教师和学生交流的过程，是不断变化的情况调解器。体能教育教学方法的重点不仅要完成教学任务的执行情况，更应该关心如何活跃课堂气氛，引导学生的学习兴趣及参加体能教育锻炼，以及如何让教学过程更加开放、更加民主、更加丰富多彩。

（1）以学生为主体培养创新能力。

学生即学习的主体。教学方法的运用不应只强调完成，要关心学生的身心变化，

在过去学习知识的过程中，注重对学生创新能力的培养，而不只是技术的掌握。在教学过程中体能教育教师应注重调查研究，使用激励的教学方法鼓励学生，不拘泥于接受教师传授的知识，要善于思考，勇于提出问题，通过实践总结经验，让新方针、新理念、新技术和策略出现使创新教学方法效果更好。通过科学合理的教学方法够使学生的主体性不断变化、自信的增强及创新意识不断上升，从而摆脱物理教育的心态矛盾，体验到活动的乐趣，以养成终身体育锻炼的习惯，从而实现在教学实践中教学方法的优化。

（2）注重学生的个体差异。

由于学生的体质和其他认知水平等各个方面的差异，教师在教学过程中应合理运用体能教育教学方法。学校应尊重关心每一个学生，强调尊重和欣赏，指导和帮助学生参加学习体能教育文化。首先，对于那些天生体质弱的学生给予鼓励，帮助他们建立自信，对于比较内向的学生提供一个平台和机会来展示自己，培养乐观开朗的性格。其次，根据学生的专业和未来面临的不同工作，选择适应的教学方法来指导学生。例如，对于专业从事机电、机械、计算机等专业及其他类似专业的同学，在课堂培训中应注重其手指及上肢力量等方面的灵活性；旅游护理专业的学生，应注重其下肢的耐力、协调等。只有这样，才能激发学生参与到活动中，以确保每学生的利益。

（3）注重学生情感不断变化。

现代教学理论认为，一切活动都应以学生教学状态为导向，向着预期的方向不断迈进，才能实现目的的培养。教师在教学过程中充分展示其魅力，合理运用教学方法，营造良好的学习氛围，使教学过程充满情感活力，提高教学效果。教师应关注学生的身心健康状况，在教学中多鼓励，较少使用批评和教学方法移位思维，积极培养学生的团队精神及勇敢、顽强拼搏的勇气。培养学生的乐观进取精神。如移位教学法，使学生在教学过程中充当"教师"，使学生在辅导过程中能教学。学生不仅要了解整个教学过程，还要锻炼他们的教学能力、自主能力和实践能力，而教师也能受到来自各种创新型教学学生的启发，有利于进一步更新教学方法，提高教学质量，更好地提高学生的积极性和主动性。

（4）合理运用现代化教学手段。

随着信息技术的飞速进步，现代技术在教学中得到越来越广泛的使用，并通过广大师生的广泛影响，在体能教育领域受到体能教育教师的普遍欢迎。现代技术的应用，不仅大大增加了课堂容量、提高了信息密度及教学效率、丰富了学生的学习内容。通过多媒体的形式如生动的图片、声音等使教学更加直观、生动，课堂气氛更加活跃，有利于教学内容的呈现、教学成果的完成，更有助于学生集中注意力，激发学生的学习动机。例如，看精彩的 NBA 篮球比赛，学生可以直观地了解每个技术和战术。

3. 阳光体育运动背景下高校公共传授体能教育知识的授课教学组织形式研究

体能教育教学组织形式是为了实现传授体能教育知识授课的教学目的，确定教师和学生、学生和组织结构之间的关系，根据材料的特性、学生体能教育的具体情况，实践教学环境和采取合理的教学方法。理性和实用的科学体能教育组织形式是发挥教师和学生的主体作用，提高"教"与"学"的双边教学效果的重要保证。因此，在体能教育教学过程中应立足于高等教育学校的传授体能教育知识的授课目的、课程内容、学生身心不断变化特点及环境设施等因素，选择合理的教学组织形式。

4. 阳光体育运动背景下高校公共传授体能教育知识的授课教学方法研究

高等教育学校的体能教育教学方法即指教师和学生的教学活动计划和体能教育教学过程中实现的教学手段，它可以产生教与学之间的互动。体能教育教学方法是体能教育教学中最灵活的组成部分，它以这样或那样的方式实现体能教育目的。完成教学任务。随着传授体能教育知识授课内容的变化和学生的个性不断变化，体能教育教学方法向复杂和多样化的方向不断发展。

五、阳光体育运动背景下高校公共传授体能教育知识的授课评价

近年来，关于高等教育学校传授体能教育知识授课评价的研究，主要集中在理论上，在实现传授体能教育知识授课评价的理论和实践方面没有大的突破，特别在阳光体育运动大学公共传授体能教育知识的授课评价的理论和政策方面更加力不从心。因此，

从阳光体育运动的观点研究公共体能教育，在高校评价改革的角度看，以适应时代不断变化的需要，是体能教育工作者面临的重要课题。

（1）阳光体育运动背景下高校公共传授体能教育知识的授课评价目的。

长期以来，传统的教学评价很大程度地影响"应试教育"课程评价，过分甄别筛选和排序功能。36个主要评价方法和总结性评价主要是定量评估。最终目的只能将学生分成等级，不完全准确地反映学生活动的实际水平、以及掌握的知识和技能。严重打击了学生参加体能教育学习的积极性，不利于培养终身体育教育意识。阳光体育运动建议各体能教育工作者对传授体能教育知识授课的评价，考虑学生进步率、情感态度合作等指标成为过去大学公共传授体能教育知识授课的评估，以避免因先天性体质差异被忽略导致异常的评价结果，充分调动学生的积极性，参与体能教育锻炼的研究，反映了客观公正评价的目的性。

（2）阳光体育运动背景下高校公共传授体能教育知识的授课评价内容。

在阳光体育运动的背景下，高校公共传授体能教育知识的授课评价不仅考虑了学生对体能教育技术技能的掌握，而且考虑到了学生的学习态度，即评价学生的身体健康和学生的心态健康，应考虑到学生的课堂学习和学生的课外体能教育参与其中的表现。

①活动技能的评价。

为了掌握学生竞技技能现状客观公正的评价，高校公共体能教育技能评价的内容在保证考核项目统一规定的基础上，我们必须保证几个可选项目。学生在教师指导下完成对项目的评估，同时可以根据自己的专业选择项目进行评价。例如，身体超重的学生，可以选择投掷类型项目，对身体小和瘦弱的学生，可以选择水平杆、双杠等技能项目。这将使每一个学生有利位置不断变化，学生将更积极主动地进行项目的考试，学生在准备考试的同时掌握了活动技能，为终身体育教育打下了良好的基础。

②学习态度的评价。

"态度决定一切"，这句谚语很适用于体能教育。由于每个学生在身体素质上的差异，对动作的掌握不一样，有些学生掌握得快，有的学生掌握得慢。因此在公共传授体能教育知识的授课评价中，对学生学习态度的评价尤为重要。教师可以随时根据学生在课堂上的表现完成记录，对课堂表现优秀的学生给予表扬和鼓励，为学生以后的综合评价提供依据。同时，这种评价方法可以避免身体素质好的学生在学习过程中表现松散，同时鼓励体质较差的学生在学习过程中多努力、多自信积极地活跃课堂气氛，提高学生的学习和锻炼的积极性。

③心态健康的评价。

随着社会节奏的加快，人们面临的压力越来越大，各种心理问题层出不穷。作为一个特殊的社会群体，大学生肩负更多的责任与就业压力，因此部分心态脆弱的学生不能把控自己的心态，严重影响了正常的工作生活。许多研究表明，体能教育活动对保持运动员的心态健康状况发挥了重要作用，心态健康是体能教育教学评价的重要组成部分，学生的心态和各种情绪的评估应该放在重要的位置。首先，在评价过程中应根据学生的心态及身体状况使用不同的标准，让他们感受到学生体能教育成绩考核不仅促进了体能教育，也是一种放松心态的方法，不因为动作没有达标产生焦虑或恐惧心态，认为每次考试都是自己学习的检验。其次，在评价过程中以激发学生的良性竞争，调节学生的不快乐和悲伤的心理状态，促进个体心态的不断变化，释放内部压力以缓解各种不愉快的心态，以提高学生的心态承受能力和良好的意志品质。

④课外体能教育活动的评价。

85%的学生可以每天活动一小时达到"学生体质健康标准"的合格水平，这就是阳光体育运动中包含的基本内容，同时也是对每个学生提出的基本要求。然而通过调查发现，仅依靠传统体能教育是根本行不通的。体能教育俱乐部、体能教育协会对课外体能教育活动的加强，是实现阳光体育运动的重要保障。"每天一小时"影响高校公共传授体能教育知识授课的不断变化以及课外体能教育活动的评价，是督促课外体能教育活动广泛开展的助推器，所以在课外体能教育活动中，课外活动评价是非常重要。通过课外体能教育活动，学生可以实践在课堂上所学实践知识，以便将在提高课堂上没有掌握的技术动作，这种方法也更容易采用，让学生真正体验到应用的乐趣，有利于学生培养体能教育兴趣和爱好，提高自我锻炼的能力，为终身体育教育奠定基础。

（3）阳光体育运动背景下高校公共传授体能教育知识的授课评价形式。

评价是公共传授体能教育知识授课评价过程中的重要组成部分，客观、公正地判

断学生的学习结果，发现许多有潜力的学生是评价形式的主要力量。对传统高校公共体能教育的评价形式、定性评价的主要形式、总结性评价、过程评价等方面进行了定量评价，主要在定量评估和总结性评价的基础上，严重影响了评价的客观性和课程的公平性。因此在阳光体育运动下我们应该不断变化，对学生学习的全过程进行动态评价，定量评价和定性评价、总结性评价和过程性评价相结合。

①定量评价与定性评价相结合。

通过调查我们发现许多高校在实际教学中，对学生传授体能教育知识的授课绩效评价指标仍然用量化指标构成。这种量化指标虽然具体、直观、易于操作的特点，但忽视了体能教育的特殊性，体能教育不仅要培养学生的体质，让学生健康，同时也承担培养健全人格和良好心态素质的任务以适应社会。如学习态度、心态、素质方针、品德学习能力等因素的影响具有明显的质量特征，很难用量化的指标来评价。因此，除了采用多项活动评估的定量评价，应该同时增加定性评价这一考核因素，最终实现科学、合理的评价结果。

②总结性评价与过程性评价相结合。

传统的体能教育评价活动中，总结性评价一直处于主导地位，并被每一位体能教育教师所采用。完全以总结性评价来评估学生的缺点是，对学生的学习反馈滞后，激励学生被动学习的过程，不能完全准确地反映学生在传授体能教育知识授课中的成就。特别不考虑学生先天能力的差异，过分强调支配力的评价，只在意考试的结果，忽视了学生学习进度的评价过程。因此，对在公共传授体能教育知识进行总结性评价时，应更加注重评价过程，注重学生成绩的渐进努力，结合基本水平，提高对体能教育学生的综合评价，从而有助于学生参与体能教育活动的热情和积极性，促进学生在体能教育中不断全面发展。

（4）阳光体育运动背景下高校公共传授体能教育知识的授课评价主体。

体育教师在学生面前具有权威性，在传授体能教育知识的授课教学中，教师拥有教学评价的最高权力，这使得教师队伍呈现评价简单的情况。学生评估完全由体能教育教师评估，缺乏学生之间互评和自我评价，导致评价结果带有强烈的主观色彩，容易使学生的自尊心和自信心受到伤害。阳光体育运动高校公共体能教育评价应采用多样化的评价形式，教师评价、学生自评互评相结合，充分体现了公平民主的课程评价。学生可以通过自我评价对自己有一个客观的认识，发现自己和他人之间存在的差距，找到自己的优势和劣势，鼓励他们进步，学生互评有助于学生民主意识、公平意识、对错意识和责任意识的形成，在促进人生观、价值观、世界观的形成方面起到重要作用。

第四节 高校公共体育课程"三层次"教学模式的构建

高校公共体育课程是贯彻实施阳光体育运动和《国家学生体质健康标准》的主要途径，而高校公共体育课程模式的构建，又是确保高校公共体育课程有效实施的重要保证。本文在阳光体育运动背景下，结合高校场地器材、师资力量等实际情况，从满足学生不断变化的兴趣、爱好和实际需求出发，在高校公共体育课程新理念的指导下，建立以课堂教学、体育俱乐部教学、课外体育活动为一体的"三层次"高校公共体育课程教学模式。"三层次"高校公共体育课程教学模式，既是阳光体育运动对高校公共体育课程的时代召唤，也是高校公共体育课程自身改革的必由之路。

一、阳光体育运动背景下高校公共体育课程"三层次"教学模式的理论依据

1. 《指导纲要》的颁布为高校公共体育课程改革提供指导性依据

2002 年，我国颁布了新的《全国普通高等学校体育课程教学指导纲要》，此纲要对课程从思想到理念，从内容到形式，从组织到评价，提出了指导性的意见，为课程改革提供了指导性依据。体育课程作为高校公共体育课程的重要组成部分，其课程改革的发展完善，必定以高校课程发展为基础，顺应《指导纲要》的总体要求，发挥本校特色与风格，构建适合自身发展的体育课程教学模式。

2. 《通知》的发布为高校公共体育课程改革提供理论依据

2006 年底，教育部、国家体育总局、共青团中央发布了《关于开展全国亿万学生阳光体育运动的决定》。此通知引起各高校领导、体育工作者对高校公共体育课程的

反思；改革高校公共体育课程，使其适应学生身心发展需要，吸引每个学生积极主动参与体育学习，提供强有力的政策保障和支持。它为进一步深化学校体育课程改革，推动校园阳光体育运动的开展提供理论依据，同时也为高校公共体育课程进一步发展指明了方向。

二、阳光体育运动背景下高校公共体育课程"三层次"教学模式的意义

"三层次"教学模式是一种新型的体育课程教学模式，是根据《全国普通高等学校体育课程教学指导纲要》的课程理念、是阳光体育运动根据高校公共体育课程的要求和当代大学生身心发展的需要提出的，由课堂教学、体育俱乐部教学及课外体育活动这三个环节构成。其最终目的是使学生能够掌握几项运动技术及科学的锻炼方法，充分发挥学生对体育的兴趣和爱好，为培养和建立学生终身体育意识奠定良好的基础。

传统的课堂教学、半开放式的体育俱乐部教学以及开放式的课外体育活动，三者相互影响相互促进，使整个体育课程系统呈现一种循环螺旋式上升的发展模式，给学生提供一个广阔发展的空间。传统的课堂教学为学生的发展奠定坚实的理论和实践基础；半开放式的体育俱乐部使学生的主体性得到了充分体现，在发展身体素质的同时培养心理素质和社会适应能力；丰富的课余体育活动，又是对课堂教学和体育俱乐部教学的补充和延伸，是对所学内容的一种实践方式，让学生在实践过程中发现自己存在的优点和不足，并将这些优点和不足反馈到教学过程中，使优点得到进一步提高，不足得到改正，让学生真正体会到运动的乐趣，为养成终身体育锻炼的习惯打下坚实的基础。

三、阳光体育运动背景下高校公共体育课程"三层次"教学模式的基本结构

1. 课堂体育教学

课堂体育教学是学生参加体育活动的基本途径，是体育教学工作的中心，体育课的组织实施对学生体育意识的形成、体育习惯的养成具有重要意义。如何上好一

节体育课，是每个体育教师长期研究和探索的问题，把课堂体育教学划分为不同的类型，按照不同类型的课组织教学，对教师传授课程和学生学习知识都具有重要的理论和实践意义，课堂体育教学教学课程性质可分为必修课、选修课、保健康复课，详见下图。

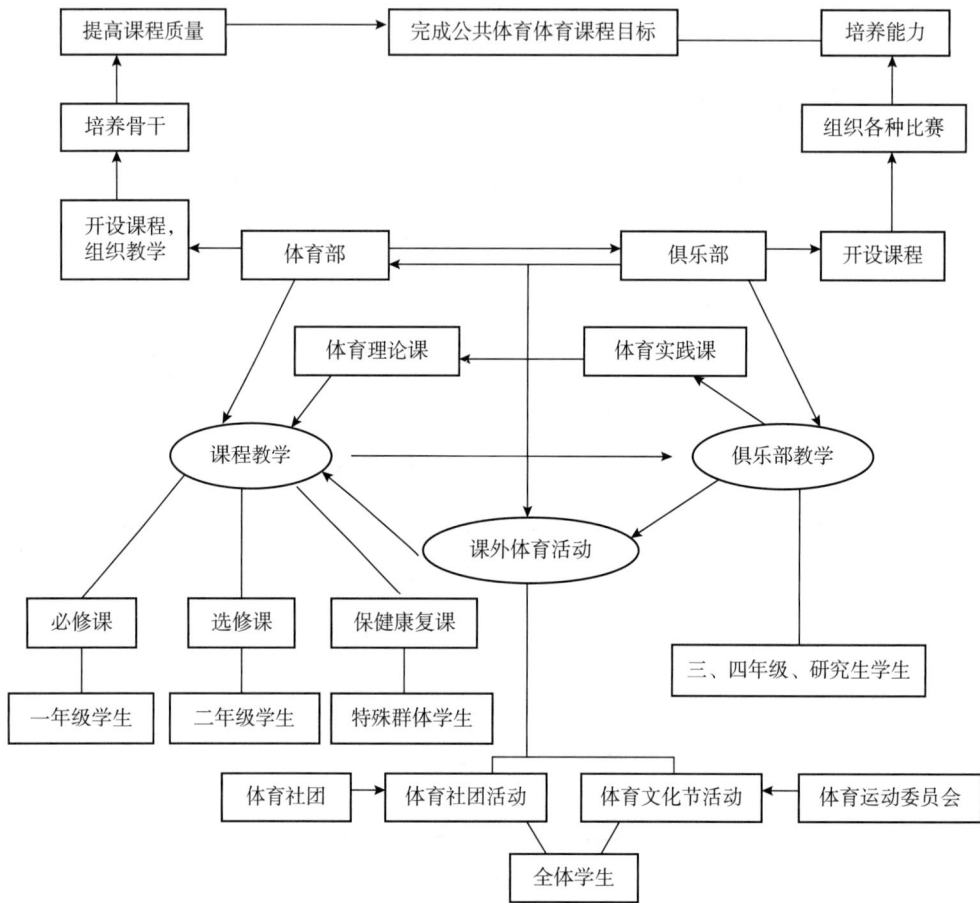

阳光体育背景下高校公共体育课程"三层次"教学模式

（1）一年级设必修课。

体育必修课是大学体育教学的主要形式，是大学体育教学新体系运行的基础。学生在进行学习之前，需要接受统一标准的体质测试，掌握学生的身体机能和身体素质等基本指标，确保体育教师在教学过程中，能够根据每个学生的身体素质水平有针对性地组织教学，同时也为体育教师进行最后的成绩评定提供依据，避免结果性评价带来的弊端，最终使教学过程与教学评定更具合理性、公平性。

①课程设计的教学原则。

大学一年级是学生成长过程中一个新起点，是完成由中学生向大学生角色转换的关键阶段，也是培养学生养成良好的体育锻炼习惯的黄金阶段。高中阶段繁重的学习压力使他们极少有参加体育活动的机会，这就造成学生身体素质普遍较差，再加上生活环境的变化、学习内容的加大以及人际交往的多样性等，就会使他们在思想、学习和生活诸多方面表现出许多不适应，比如学习不够深入，主动参加活动较少，学生之间交往不多，甚至出现焦虑、恐惧等症状。由普通教育到高等教育模式的转变，使得更多的女生不仅仅满足拥有健康的身体，对美的要求也更加强烈。

②课程设计的教学内容。

课程内容包含理论课和实践课。理论课采用多媒体技术集中上大课的形式，主要以体育理论、生理健康、各个专项运动的技术、战术、裁判法、运动损伤的预防与处理方法等内容为主。实践课主要以各种球类、健身操为主穿插传统体育项目和实战型体育项目。"必修课"合格者进入第二年的选修课学习。

③课程设计的教学组织形式。

这种教学组织形式，节省了教师资源，有利于教师集中授课。还同时打破了原有的班级教学制，使得来自不同院系的学生因共同的爱好走到一起，在体育教学过程中加深彼此间的了解和沟通，使他们在提高身体素质的同时，心理及社会适应能力也能得到发展。

（2）二年级设置选修教学。

体育选修课是学生根据自己的兴趣爱好，以学生个体为单位进行项目的选择。此阶段的教学完全以尊重学生的爱好和个人选择为主，学生在教学过程中充分体现主观能动性和主体意识，教师在教学过程中起指导作用。

①课程设计的教学原则。

通过一年的体育学习和生活，学生的身体基本素质和技术技能得到提高，视野也更加开阔，对新事物的求知欲越来越强烈。一年的体育学习，大学二年级的学生开始慢慢适应周围的环境，大学生活开始步入正轨。很显然，一年级必修课所传授的内容已经不能再满足他们广泛的需求。

②课程设计的教学内容。

针对大学二年级学生的心理和生理特点，体育选修课的内容应该以时尚、高雅、休闲的运动项目为主，如网球、体育舞蹈、定向运动、拳击与散打、瑜伽、街舞、肚皮舞、攀岩、野外生存等，充分体现学生的主体性，给学生创造更大的学习发展空间。选修课合格者进入体育俱乐部学习。

③课程设计的教学组织形式。

充分体现统一要求与区别对待的教学原则，在教学过程中以分层次教学法为主，将初选项目的学生编为该项目的基础班，继续选择同一项目的学生编为提高班，课程教学主要以教学比赛为主，教师起指导作用。

（3）特殊群体学生设置保健康复课。

该课程主要针对伤、病、体弱、特殊体型（过胖或过瘦）等学生开设。根据学生实际情况，结合运动医学、康复医学和中医的有关理论，向学生传授"体医"结合的系统知识。有针对性的进行康复、保健体育教学，使他们体会到运动的乐趣，克服自卑心理，树立信心和克服困难的毅力，使身心得到全面发展。

（4）三、四年级和研究生设体育俱乐部教学。

高校体育俱乐部教学，是高校课内体育教学和课外体育活动共同发展的纽带，对推动高校课内、外体育活动的发展起着至关重要的作用。为了最大限度地满足学生"每天锻炼一小时，健康工作五十年，幸福生活一辈子"的健康理念，有效调动广大学生参与体育锻炼和组织竞赛活动的主动性，培养学生自我组织管理能力，在三、四年级学生和研究生中设置"体育俱乐部教学"课程。体育俱乐部教学以其独特的魅力受到广大学生的青睐，以学生为主体，教师为主导的原则，给每个学生提供自由发展的空间。在教学过程中，体育教师可以随时对每个学生的学习情况进行指导和监督，并把学习的效果及时反馈给学生，充分体现体育俱乐部教学的时效性。体育俱乐部教学的开展，能够更好地把课堂体育教学和课外体育活动真正紧密结合在一起，起到承上启下的作用，从而促进课堂体育教学和课外体育活动的共同进步与发展。同时，体育俱乐部教学会成为学生参加课外体育活动的一个跳板，学生可以在此基础上跳得更高更远，有利于形成自觉参加课外体育活动的意识，养成终身体育锻炼的习惯。

①课程设计的原则。

近年来，体育俱乐部教学以其灵活的组织方式受到各个高校的青睐，各种体育俱乐部教学风起云涌。但是，通过调查发现项目单一、缺乏教师指导、组织形式混乱等各种问题。为适应阳光体育运动的要求，本文将体育俱乐部教学纳入高校公共体育课程体系的整体系统，成为高校公共体育课程体系的一部分，有专门的管理部门、领导机构、组织机构、授课老师，学生可以自由选择运动项目，每个项目都有专门的老师进行辅导。来自不同班级、不同院系的学生，在学习过程中可以相互交流学习，在学习运动技术、锻炼身体的同时也增强了合作意识，建立了良好的人际关系。这不仅有利于激发学生对体育的兴趣，培养健全的人格，使学生体验到运动的乐趣，而且还为终身体育教育与素质教育奠定了基础。

②课程活动内容。

体育俱乐部教学内容主要根据体育设施空间、体育教师资源及学生的兴趣爱好来设置。主要以室内项目为主，便于组织教学与学习，在教学过程中充分体现学生的主体性，培养学生自学、自练、组织与指导的能力。

③课程设计的教学组织形式。

在教学过程中主要以教学比赛为主，学生可以自由组合进行交流切磋，充当运动员或者裁判员的角色，满足学生不同的需求，在比赛中遇到的问题可以向老师交流。

2. 课外体育活动

课外体育活动不仅是对课堂教学、体育俱乐部教学的延伸和补充，而且还成了高校公共体育课程教学的组成部分，是学生参加课余体育锻炼的重要组织形式。课外体育活动因其参与的自愿性、活动内容的多样化、组织形式的灵活性、空间领域的广泛性、选择的自主性等特点受到学生们的喜爱，对推动高校公共体育课程的改革、阳光体育运动的开展具有重要意义。因此，学校在关注课堂体育教学与体育俱乐部教学的同时，不能忽视对课外体育活动的关注，可以通过开展课外体育活动和体育文化节活动的方式来增加关注。

（1）体育社团活动。

一般是由学生自行筹划组织，并且是自愿参加的群众性业余团体，由会长进行

组织管理。体育社团活动锻炼的时间比较好把握，还具有参与自主、形式灵活、锻炼气氛轻松等特点，吸引着各个体育爱好者加入其中。在各个体育社团中，教师直接参与指导得较少，各种训练与比赛都是在会长的带领下由每个会员共同完成，有利于学生工作的组织能力、社会适应能力和人际交往能力的加强，从中形成主动参与体育锻炼的意识和习惯，体育社团成为了学校体育课外活动的重要组织载体。

（2）体育文化节活动。

体育文化节是通过丰富活动内容、拓展活动空间和时间、改变活动功能的方式，融健身、娱乐、经济于一体的综合性文化节目。体育文化节活动具有与其他课外体育活动不同的特点：有统一的组织管理团队，活动内容丰富多彩，开展时间长，学生参与面广，组织形式以各种比赛为主。学生在参与比赛的过程中，不仅提高了对体育文化的认识，而且还提高了学生参加体育锻炼的积极性，学生间的团队精神和合作意识也会得到增强，从而有利于营造全员参与体育锻炼的氛围，也有利于推进高校阳光体育运动的深入开展，形成"班级活动、系系活动、院院活动"的组织推进模式，使体育活动涉及到每个学生，落实到每一天。

第四章 阳光体育运动丰富大学体育文化

第一节 大学体育文化概述

一、相关概念的界定

1. 文化

人类之所以是目前地球上发展最好的生物原因就是文化，从野蛮时代到如今的信息大爆炸时代，人类几千年历史积累下来传承的东西就是文化。

文化是一个意义广泛的词语，在 20 世纪初就有很多的哲学家与历史学家一直想要从不同的角度来定义文化的概念及意义。但是，到现在依旧没有一个确定的概念，由此可见，给文化一词定义是一件很难完成的事情。到 20 世纪 70 年代就有许多资料给文化作出了不同的解释，很多科学家也对此下定义，大概有 300 多个解释。人们对文化这个词语的理解不尽相同，可见这个词语涉及范围之广。言人人殊，莫衷一是。这其中，英国人类学家 E.B. 泰勒曾经对文化一词也下过定义："文化包括的范围很广泛，涉及到的方面有艺术、品质、素质和技能习惯。"E.B. 泰勒给文化的定义被很多优秀的学者认同，然而这一概念似乎有些杂乱。文化一词可以从物质文化、制度文化、精神文化这三个方面进行详细探讨。梁漱溟在《东西文化及其哲学》中写到："文化即

是生活，包括三种：物质生活、精神生活、社会生活。"他的意思是，每个人体内都有三个敌对状态的关系物，一种是自然，一种是他人，最后一种是自我，这句话和文化一词没有关系，实际上关系深远。

在以前，中国对于文化的理解很片面而且层次不深，主要将文化理解为精神文化。古代对于精神文化的理解单单指书本上的知识及理解古人的思想。从古代文学《中国文化概论》中就可以看出，书中这样写到："在社会活动中，人们遵循一定的规则，形成共同认知和思想。"这种就被称之为文化。在后来的《社会学教程》中也记载，人类社会发展过程中创造出来的物质文化、精神文化和行为文化，包含了所有的人类活动，在不同的朝代就有不同的历史、不同的制度，最终会有各个朝代对应的文化。

总而言之，文化是经过长时间发展有价值的东西，是社会的普遍现象记录下来的产物，是一个区域的历史，是各个方面的经验结晶。

由上文可知，文化的定义千篇一律，没有一个定义可以完全解释文化一词，在每个时期对于文化的定义都取决于当时的社会情况、自己的学识、目的、意义和角度。众所周知，文化有广义上的文化和狭义上的文化。广义的文化包括人类所有的活动，狭义的文化只是指古典书籍中所记录的文字，本文主要从广义来解释文化这一词语的内涵，通过物质文化、制度文化与精神文化这三个方面来详细阐述文化与体育文化之间的关系。

2. 大学文化

大学是一个人发展能力最重要的阶段，教育部部长袁贵仁说过："大学就是一种文化，而文化也是大学之魂。"文化是一所大学吸引学生前来读书的魅力所在，是大学特色的独有之处，大学文化是在文化的基础上不断延伸而来的，是每个学校建校以来积累的成果且还在不断地更新。大学文化是由学校里面的人所传承、交流和创新的，这些传承大学文化的人在传承文化过程中会与社会文化有相关联的地方，但是与社会文化又有不相同的地方。在很多文化研讨会上一些优秀的学者对于大学文化都有自己的理解，虽然每个人的理解不同，但是都有相似点，最后总结出来就是优秀学者对于大学文化的认知包括三个方面，即物质、制度和精神文化。

由上述内容可知，国内学者对大学文化的理解不同，但对概念的理解是相同的。本文也从大学文化的概念意义进行解析，将其分成精神、制度和物质文化三个方面。

3. 体育文化

由于文化一词涉及范围很广，体育文化一词的概念性理解也就千篇一律，国内外的学者对此都没有统一的说法。在《体育史》中有提及到身体文化，当时的身体文化就是现在的体育文化，在书中对身体文化的定义是斯拉夫民族洗澡和按摩等养生的项目，之后在《韦氏国际大辞典》中对身体文化这一词语的定义是：身体的保护。各种资料中对身体文化的解释也有所不同，有些认为身体是科学和美的组成体，有些认为身体文化包括成长、摄取营养、养生和进行的生命活动等，是这些文化现象的总体。在《体育运动词汇》中国际体育名词术语委员会对体育文化进行了专业的定义：体育文化是体育项目利用其功能来锻炼身体，提高人的身体素质等方面的文化。

由上文的论述可以得出，体育文化也只是文化的一小部分，文化一词没有概念，因此体育文化一词也没有概念，体育文化在广义上包括的范围很广，不仅仅包括体育物质，还包括体育的精神和观念。

4. 大学体育文化

大学体育文化包括体育文化和大学文化，大学体育文化虽然只是体育文化的一小部分，但体育文化和大学文化的精神会影响大学体育文化的精神，从文化角度的传统定义为：大学体育文化是把学生当作主体，把课外体育运动作为上课的内容，把精神作为锻炼的意义。大学文化是一所大学在治理、教育等其他条件影响下而形成的，大学体育文化就包括了学习所有体育物质和体育精神的总和。大学文化又是一种精神文化。

大学体育文化只是大学文化的一部分，从这个角度来分析，总结出大学体育文化的目的是为了通过锻炼来提升人类的精神潜力。体育文化在现代社会中不断分化，形成了很多小的体系，现代体育文化论中体育文化又在不断地分层，从内到外是外层物质文化、中层制度文化和内层精神文化。体育文化有其自身深刻的内涵和丰富的外延。

由此可见，从狭义上来说，对体育文化的定义可能概括得不全面，但概括的方面也有共同点；广义上来说，这也是多角度地介绍其结构层次。本书研究的方向是从广义上来分析体育文化，阳光体育的建设是在体育文化的基础上，从物质、制度和精神这三个层面来采取措施。

二、大学体育文化概述

1. 大学体育文化的内涵

大学体育文化由两种文化组成，一种是大学文化群，另一种是体育文化群。大学体育文化是本节讨论的重点，大学体育文化是由社会文化分化产生的，具有很深刻的意义，代表着极具内涵的社会文化现象。大学体育的精神其实就是大学文化的精神，是学生们价值观、行为方式以及心理特征共同部分的结合体。大学体育文化不仅能帮助学生们放松心情，广泛交友，还能挖掘学生们的潜能，是培养人才，帮助大学生社会化的一种形式。

2. 大学体育文化所具有的特征

（1）鲜明的时代性。

随着时代的变化，一场重大的活动都能影响大学体育文化的发展，因此大学文化是一种根基不稳还很年轻的文化，用"鲜明"一词来形容大学体育文化再合适不过。

（2）广泛的教育性。

学校是传授知识和接受知识的一个学习场所，在学校里面开展体育文化既能锻炼身体也能学习到大学体育文化知识，使学生能够拥有健康的身体，成为优秀的人才。

（3）严谨的系统性和有限制的开放性。

大学体育文化的产生是学校精心设计，按照计划目标，费尽心思组织和营造起来的。在规范体育行为等方面，学校都有严格的系统性，但严格的系统性却不代表体育文化是封闭的，它还具有有限的开放性，具体表现在学校想要培养的目标和办学的初衷，根据学校的情况来选择在哪些地方和层次实行有限的开放，或者是根据不同的层次实现一级一级的开放。

（4）形式的层次性。

体育文化从基础到深入分为三个层次，从物质文化、制度文化到精神文化，这样的层次性都是在物质文化的基础上延伸起来的，因此首要的就是要保障物质文化，从物质条件上制定相应的规章制度，然后慢慢从制度文化到精神文化，让学生们从刚开始被迫去训练到最终形成意识想要去锻炼。

（5）内容的丰富性。

体育文化具有多样性才能吸引大学生的参与，才能使体育文化不断发展，因此体育文化的内容应该多种多样，不止可以参与，还可以观看，所以在教学过程中可以在课堂观看比赛视频，还可以组织学生们进行课外拓展训练，在课堂之外，还可以组织学生们一起参加体育比赛，组织啦啦队等活动。只有这样，体育文化才能不断适应学生们变化的兴趣，而且由于每个大学生的人的水平不同、兴趣爱好不同，由此体育文化的竞赛项目也就多种多样，这种多样性提供了适合每个学生锻炼提供了机会。

（6）群体的动态性。

大学体育文化带给大学生的益处多种多样，体育不仅起着调节大学生学习生活的作用，还能让学生掌握各种各样的技能。在学习的间隙打一场篮球赛放松心情，在应试前踢一场足球赛释放压力，运动完全可以起到放松大学生心情的作用。当然，运动的作用还不仅仅只是放松心情，在赛场上与同伴们一起并肩作战，和同学一起观看自己喜爱的体育项目，这不仅可以使同学之间的默契指数上升，还能交到很多知心好友，何乐而不为。大学体育文化既能使同学们放松并获得快乐，还能交到好友，体会大汗淋漓的畅快，起到调节学习生活作用。

3．大学体育文化的作用

（1）拥有强壮体魄的基础。

强国首先需要人才，人才需要有健康的身体才能为国家更好地贡献自己的力量，而且因为身体的原因阻碍个人的成就是非常遗憾的事情。如果既能拥有良好的体魄，又有非常好的能力，那么就十分完美了，无论是对于亲人、朋友还是国家来说，都是一件开心的事。因此开始让自己健身，拥有健康的体魄吧，不要浪费自己的才华。

（2）促进师生交流，加强师生关系。

在校园开展大学体育文化对于师生来说提供了互相沟通的机会，是大家形成体育文化观念的过程。师生由于在体育实践活动中互相交流的机会增多，对彼此的了解也就更多。体育活动在一定程度上会拉近老师和学生之间的距离，学生可以在学习上得到老师的帮助，老师也能更多了解学生的情况，双方的合作也能更愉快，师生情也能更浓厚。

（3）带动周边社区体育文化的发展。

大学是比小学、初中以及高中来说占地面积更大的学校，而且大学是健身设施非常完善并且场地较大的场所，会对当地居民产生一定的吸引力，居民们会来到这个地方锻炼身体，在一定程度上可以推动学校附近小区的体育发展。

（4）进行体育知识教育，促进学生德、智、体、美全面发展。

文化会慢慢地改变一个人的思想和行为，会让同学们潜移默化地接受知识，不断追求新的文化，让人从现实向理想进行转变。文化具有独特的魅力，让人不断追求、不断上进，而大学体育文化只针对于学校，学校里面有专门的体育老师与健身体育馆，同学们通过接受知识和参加体育运动训练而逐渐对体育知识有所认识。大学体育文化是学校带着教育目标和教育初衷，通过系统的组织让同学们潜移默化地受到影响。

（5）健康的体育文化环境能使学生形成正确的体育文化观

学生通过体育老师的教学和同学们的表现定义自己的表现情况，由此来确定自己需要改变的地方和改正的错误，同学们对于体育文化的认知也是这样开始改变的，通过自我认识的体育文化与广义意义上的体育文化对比得到正确的体育文化精神，通过这种方式，调节自己的体育想法和行为，从而改变自我得到提升。因此，良好的体育文化环境可以让学生自己认识到正确的观念是什么样的，从而进行改正。

三、文化、大学文化、体育文化和大学体育文化之间的关系辨析

文化是经过长时间的积累保存下来的社会活动总和，而且也会在现代社会中继续发展，继续创造。大学文化仅仅是文化的一个分支，在学校教育和传授知识的过程中发挥着独有的作用。大学文化在概念上来说也是文化的一种亚文化，因此从这个角度来分析，体育文化是促进人们人格发展与社会人格发展相一致、帮助人们全面发展、提升人们素质的文化。

文化、大学文化、体育文化、大学体育文化的关系如下图所示。

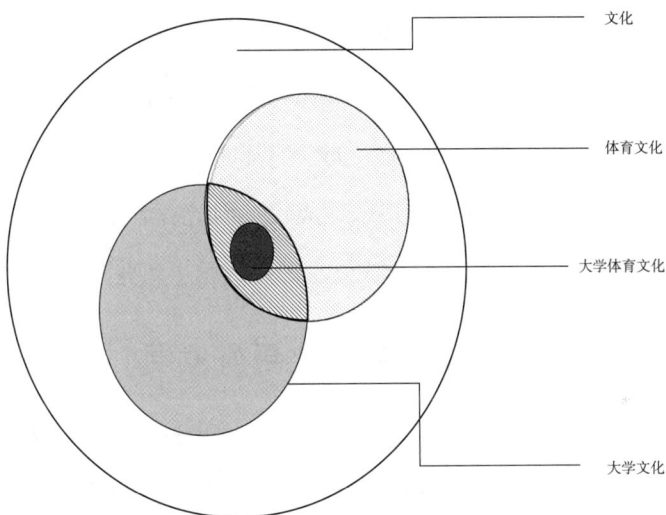

文化、大学文化、体育文化、大学体育文化的关系

第二节　阳光体育与大学体育文化的关系

一、阳光体育丰富了大学体育文化

阳光体育进入大学教育标志着我国对体育运动的重视。学校不能只重视学生的成绩，还需要锻炼学生们的身体素质，让同学们在德、智、体、美、劳五方面全面发展。如果学习成绩好但是身体素质差，对国家来说这是人才的损失。阳光体育活动让同学们走出教室，来到操场或者是去到户外开展体育训练，加强了体育锻炼，培养了他们良好的习惯，增强了同学们的身体素质。同学们都能自主地去选择体育项目，培养自身的小组合作精神，大家可以在一起快乐地成长，创造一个美好的校园环境，让大学校园的体育文化丰富多彩。让同学们形成终身锻炼的思想和拥有终身体育概念。

二、阳光体育帮助大学体育文化更好发展

体育文化的形成离不开学校的帮助，但也需要学生自己喜欢和热爱体育，否则单方面努力也没有效果。阳光体育就是通过学生热爱的运动方式开展，把学生当作主体，把校园文化活动当作载体形成的体育文化氛围，在这种氛围下形成相同的价值观和制度准则。因此，通过阳光运动来带动校园体育文化氛围，向师生们传递共同的价值观和制度准则，从而在校园体育活动设计和实施上得到大家的支持，而且老师也可以在课堂上向学生们传递体育思想，增强学生们对于体育的认识，激发学生们对体育的热情，提高学生们对体育活动参加的积极性。在一定程度上还会激发学生对体育的学习动机，促进学生主动参与体育活动，更好、更快地培养学生们自觉参与体育活动的意识。

第三节 大学体育文化建设

一、大学体育物质文化构建

1. 对大学体育物质文化分析

大学体育文化包含物质文化，也就是大学体育馆、游泳池等与体育有关的建筑物或者说是和体育有关的器材。大学生是人数很庞大的群体，不可能做到人手一个运动器材，这样对学校造成的经济压力也很大，因此学校在器材方面一直受到经济的限制，而且学校体育馆的建设也受到经济因素的制约，这就是大学体育文化一直得不到加强的原因之一。

（1）体育物质文化建设发展的不平衡。

地域和办学规模的不同会制约大学物质文化的发展，从而制约大学体育文化的发展。就目前我国的国情来说，我国的经济实现快速增长，但中国本身就是东部强、西部弱，西部的情况可能在一段时间内都无法得到改善，这同样也是学校的经费限制了学校的发展，从而限制了大学体育文化的发展。在西部很多学校里面体育器材不够完善而且不够多，体育馆的建设缓慢，对体育文化的宣传力度不够大，而东部学校的体育物质资源很丰富，学校就能满足学生们的体育需求，并且学生都已经形成终身体育锻炼的思想。由于地区和经济发展情况的不同，造成了体育物质文化发展不平衡，这同样也会制约大学文化的发展。

（2）体育硬件设施建设不完善，缺乏正确观念。

大学体育馆的建设已经提上了日程，很多地方也已经完成了大学体育馆的建设，外观的确很宏伟，也足够吸引人，但是大多数的体育馆是不允许同学们进入锻炼的，那么建体育馆的意义何在？既然建设了体育馆，那就不要让其成为摆设，应该利用其

功能，让同学们都能进入体育馆进行体育锻炼；还需达到体育物质文化建设的标准，在馆内放置体育器材，避免大学物质文化建设的弊端。

现在很多人对体育场馆有错误的认识，那就是其实并不是越大型的场馆越好，而是有针对性地建设符合同学们健身需求的体育场馆；更应该关注场馆是否能达到自己的锻炼目的而不是关心体育馆的外在。而且，建造一座宏伟的体育馆需要学校大量的资金，其实外观怎样并不重要，重要的是注重体育馆内体育器材摆放的多少，还应该注重体育馆的实用性而不是美观性。修建一座宏伟的体育馆后期的维护费用也很大，学校在体育馆内收取的场地维护费用也是不够的，而且对于没有任何收入的大学生来说，这些钱也是很大的一部分开支，因此很多学生不会选择去健身，这就从经济上限制了大学生想要进行健身的愿望和体育娱乐的激情。由此可以知道，装修不错的体育馆一般是不允许学生们进入的，所以建设有用的体育馆比建设美观的体育馆更应该值得推广。

（3）体育场馆设施管理水平滞后。

大学体育馆在不断地建设，大学也因为有体育馆的存在而更有吸引力，然而大学体育馆的场地维护和管理却存在很大的问题，学校也经过很多的思考和研究采取了一些措施。大学体育馆内健身器材的使用是要进行收费的，但是对于大学生来说他们是没有经济来源的，健身器材的使用费用相对较高，学生大部分都不能接受，所以大学体育馆的收费标准要根据学校内同学的自身情况来制定，而不是用社会的消费水平来制定学校的收费，这样还能吸引附近的居民前来进行身体锻炼，人多了自然学校对体育馆的维护能力也就增强了，而且大学体育馆的场地很宽阔，无论是对附近的居民还是同学们来说都是非常有吸引力的。

2. 丰富大学体育物质文化，推进大学体育文化的表层建设

大学的物质文化是从建校开始就一直不断完善改进的，是大学精神文化和体育制度文化的一种必要载体。大学的物质文化离不开师生们的共同创造，这些物质文化虽然有形，但在无形之处却能影响着学生们的体育精神，慢慢地改变同学们的体育观念，

大学物质文化是集教学、科研和服务于一体的物质文化，大学物质文化具有传承和历史意义。

（1）完善场馆的器材设施，建设大学体育文化。

大学体育物质文化指可以触摸到的体育实物，体育物质文化是大学的发展需要，大学体育馆是一所学校的亮点，体育馆和体育器材都属于体育物质文化。教育部实行的阳光体育活动采取强制性的方式让学校开展下去，教育部为了阳光体育活动也在给学校拨款，保证阳光体育活动正常地实施下去。为了响应教育部的要求大学就开始建造大学体育馆，完善大学的体育器材，完善学校体育物质文化。大学在开展阳光体育运动后，由于政府的大力支持，开展的情况良好。但政府对学校体育教育经费的支持只是一段时间，学校还是应该对学生们的体育教育重视起来，在体育教育中花费活动经费，保障阳光体育运动的各项活动能够持续地进行下去。

目前国家对学校体育资源进行了完善和补充，学校也应该响应国家的号召对大学的体育物质进行充分的利用和整理。大学物质文化广义上还包括了学校场地面积、体育资讯等，这些最终都会的影响学生们地体育文化精神。

各个大学都很重视学校体育馆的建设，每个名校几乎都有自己独特的体育馆建筑。

①北大体育馆的独特民族风。

北京大学是中国最好的大学之一，在北京大学里两座体育馆的地位也很高，而且建筑也非常有特色。体育馆的屋顶采用灰色装饰，建筑方式的选择是采用由上而下有规律的摆列瓦片，在延伸的屋檐上极具古典特色，用各种颜色画着多种不同的动物形状，很具有民族特色，可见北大的体育馆是非常豪华和少见的。在领导重视体育文化后，北大的运动场也在加强修建，以此来不断加深学校内的体育文化。

②清华跨世纪体育馆。

清华大学内跨世纪的体育馆是学校的亮点，学校在体育馆内放置了很多健身器材，师生们在休息时间都可以前来锻炼身体。体育馆是清华大学内体育文化的象征，也在清华大学的辉煌成就上再增添了一笔。

③深圳大学高尔夫球场的体育设施。

现如今中国的经济发展速度很快，高尔夫不仅仅是锻炼身体的项目，也成为了人们谈判事务的项目，高尔夫球场也因此大量地建起来，同时，对高尔夫运动的工作人员的要求也越来越高，很多学生把毕业以后在高尔夫球场工作当作一件值得骄傲的事情。深圳大学的历史还很短，仅仅只有20年的发展历史，可它却在体育文化方面发展迅速。深圳大学中的高尔夫学院极具特色，在学院内部还修建了高尔夫训练基地，并投资了中国第一个高尔夫球场，其目的就在于为龙岗公众高尔夫球场提供拥有良好素质和技能的学生，并且还为学生提供实习机会，这样的方式使高尔夫这项体育运动发展起来，提升了学生们的体育素质和身体健康水平，还在国内兴起了"休闲经济"。

深圳大学还和其他的高尔夫球会结盟，为学生们提供专业对口的实习机会，在深圳大学高尔夫学院还有图书馆，可以来查阅关于高尔夫运动方面的知识。体育场馆是在各个方面结合民族文化、地域特色等因素设计建造的，体育馆的建造地址和工程方面也是经过深思熟虑选择出来的。这样的建筑不仅可以推动民族文化在体育文化中的传播，还能推动体育文化更好地发展，在体育文化中感受到亲切感，有利于释放运动参赛员的压力，从而得到快乐。

（2）建设体育野外营地，推进体育物质文化多元化发展。

之所以叫阳光体育活动，就是希望学生去到操场，去到户外，在阳光下进行体育运动，从而得到锻炼。学生可以参加户外营地式的实践体育活动，这不仅可以增长同学们的生活经验，还能提高自身的实践能力，独处能力和生存能力、对于学生来说是非常有意义的事情，还能从中培养学生们之间的合作能力。学生在以前的体育管理体系中无法适应，而且他们无法选择适合自己的项目，没有对体育的热情。为了大学生的身体健康能力着想，让他们对体育充满热爱，江苏省开展阳光体育活动主要包括三个区域：活动区、露营区和服务区。活动区是进行体育锻炼的场所，除了简单的体育锻炼还可以设置一些野外的体育项目使青少年更好地得到锻炼，例如，野外求生、徒步登山等考验体力和意志的活动，也可以组织学生参加航空模型、团队拓展等很多有关体育知识的活动，也可以培养学生对体育的兴趣、锻炼身体，还能培养他们的参与精神，更好地促进学生们的身体健康发展并且对体育产生热爱。野外活动中为了保障大学生的安全，还应建造露营区域。这是很多大学生们体育休闲的主要地方，虽然在野外条件艰苦，但是对露营区也要有一定的要求，既所在区域必须要有照明和基本设施，这是为了同学们的安全着想，除了设施还应该做到环境干净，且露营区还必须要有服务区，服务区是保障青少年学生在营地安全、提供需要物资的地方，它包括了人们的衣食住行还有交通网，方便了同学们更好地参加体育锻炼。

二、构建大学生体育文化

1. 对大学体育制度文化建设的分析

制度在文化中的作用不可忽视，是建立文化的基础，大学体育制度文化对规范师生们的体育行为、反映体育的价值和精神文化起到重要作用，这既是一种制约，又是一种对体育文化和精神的传递。

（1）大学体育制度体系正在逐步完善。

我国政府对体育建设从 20 世纪就开始重视，1990 年国务院颁布了《学校体育工作条例》，通过法律监督的形式来确保体育发展工作能够顺利进行；1993 年国务院又颁布了《中国教育改革与发展纲要》；1995 年 3 月，国务院出台了《中华人民共和国教育法》，同年 8 月国务院又出台了《中华人民共和国体育法》；1999 年国务院颁布的《中共中央国务院关于深化教育改革全面推进素质教育的决定》指出学校教育要加强体育建设，让学生能够提升自我的身体素质。这些法律为学校体育文化的建设奠定了基础，也确定了体育在学校教学中的重要位置，同时也希望学生养成锻炼身体的习惯，树立健康第一的观念。

虽然国家在法律上已经确保了体育在学校教育中的地位，但是在学校的实践过程中情况却不容乐观。学校由于教学压力大很难开展教学活动，而且在法律的实际操作过程中其实很难运用，有些体育规定只是描述性的语句，而不是确定的话语，对此学

校教育可能忽视体育在教学上的进展，就算不开展体育教学对学校来说也没有影响。在《学校体育工作条例》中规定：学生每天的锻炼时间不少于一个小时，如果不合格是不允许学生毕业的。但是学校实际的教学过程中，并没有说明学生没有完成会怎么样？学校没有按照规定执行会怎么样？因此也很难引起同学们和学校对体育锻炼的注视，很多学校并没有按照条例的规定来做，这个条例更像是一种建议，所以国家对大学推进制度文化方面还应该加强管理，再进一步地进行完善。

（2）新型管理体制对于大学体育文化的重要性。

阳光体育在学校中广泛地运用起来，表示学校正在朝着提升大学体育文化精神的方向发展，在这过程中会更加注重体育项目的灵活性和多样性。传统的体育管理体系已经不能满足现代发展的需求，统一的体育标准已经不能满足学生对体育多样性的追求，传统统一的考察方式能体现学生们的体育能力，可以借鉴。

阳光体育运动让学校的体育文化建设有了新的突破，对学校健身资源的利用也更加合理，但还有很多因素限制了大学体育文化的发展。大学体育文化活动的举办都是经过多方的沟通协调而开展的，而且在开展一项体育运动的时候要考虑的问题也很多：这些体育活动学校领导是否会来,他们是支持还是反对,学校的体育规则是保持原有的，还是做一些改变，都是值得思考的问题。虽然大学的确开展了很多体育活动，但是学生没有全面发展自己的体育技能，锻炼效果不大，而且很多学校还停留在传统的体育管理中，以成绩为最终标准来定义学生是否认真进行体育锻炼，而忽视了学生平时的锻炼，导致学生的积极性减弱，学校不重视体育锻炼也是造成学生没有体育积极性的原因之一。

2. 完善大学的制度文化，加强大学体育文化的中层建设

学校为大学文化的建设提供保障就需要体育活动有相关的制约条件，良好的制约条件包含着浓厚的体育文化和体育精神，这可以促进体育活动的规范性，帮助学生更好发展，使学校的体育氛围更加浓厚。完善的制度文化也是学校的一种特色，会对教师和学生的发展起着促进作用。

《国家学生体质健康标准》的政策与《标准》相结合制定的政策更有存在的意义，

并且对学生的体育锻炼也更有针对性。学校也应该在学校内制定相关的体育制度，提供体育物质，让学生能够对体育产生兴趣，有组织地进行活动，有新的管理方式带动学生的锻炼积极性，增强锻炼效果。在学校内还应该支持学生自己开设学团课和社团俱乐部，这样可以充分发挥学生自身的作用，从学生的角度来制定规则，可以吸引一批年龄相仿的人，带动学生参加的热情。学校从上级到下级对阳光体育运动重视起来，实现由上到下的方式来管理，推进阳光体育运动更好地开展。

大学生在体育竞赛方面组织的活动很少，除了每年的运动会再没有其他的竞赛项目。大学可以在固定的时间内举行固定的竞赛，可以是一项体育运动，还可以是多项目的，这样可以让学生都有接触体育竞赛的想法，会在不知不觉中培养学生对体育的喜爱。

在华东理工大学中同学们对于体育文化有很高程度的认识，不同的体育项目都有很高的群众粉丝，而且同学们的参与性很高。通过"周周有小赛，月月有大赛"的方式安排同学们进行比赛，水平参差不齐的学生参与这些大大小小的体育活动不仅充实了休闲的时光，还加强了同学的互助精神，提高了学生的身体素质。华东理工大学倡导"大学体育月月赛"，在学校领导的积极号召下，华东理工大学月月有体育赛事已经成为学生生活中一个组成部分，而且华东理工"月月有赛事"这个口号已经成为了华东理工的招牌。在2007年，华东理工大学开展了篮球、羽毛球等很多体育项目的竞赛，还创造了很多有意思的小活动，增强了体育的趣味性。除此之外，华东理工的研究生也经常举办独具特色的院系竞赛，参加的人不限年级和专业。华东理工在月月有体育赛事方面取得了较大成功，激发了学生的兴趣，每个月比赛的人数达到3000人，学生对于参加体育赛事已经具有了非常高的热情。

（1）号召建设体育社团，丰富大学生的业余生活。

学校社团使学生拥有自己组织创建的群体，把相同兴趣爱好的人集合在一起，一起研究和成长，学校的体育社团自然也就集合了热爱体育的学生。随着社团的发展，在学校中社团已经拥有了属于它自己的凝聚力，学生拥有选择社团和开办社团的权力，可以锻炼自己的管理能力和组织能力，为以后自身的发展提供了坚实的基础。华东理

工大学的同学们在体育社团方面的建设也提出了很多、很好的建议，因此在同学们的支持下社团和月月赛事相辅相成，给学校建立了良好的体育文化氛围。在华东理工大学的操场上，有很多人会自发的进行锻炼，有的是自愿，大部分是社团组织，这些社团包括网球、散打、武术、棒垒等。在清华大学成立的社团就高达 120 个，常常会见到很多在操场上自发运动的人们，并且社团内每一项事情都需要组织者自己解决，所以学生在开设体育社团的同时也锻炼了自己各方面的能力，在提升了自己身体素质的同时又增强了合作能力和管理能力。

（2）改进体育评价体系，推进体育文化现代化。

自 2007 年开始，到 2009 年结束，国家各级政府就对阳光体育中冬季长跑这一活动展开了号召，冬季长跑全程一共 240 千米，提出大学生每天跑步的里程在 2000 米左右，但高校学生并没有按照政府说的去做。怎么让学生自主跑起来，使学生在长跑的过程中感受到乐趣呢？深圳大学就这一问题研发了"校园阳光长跑智能自主管理系统"，将这个管理系统带入校园中，可以帮助学生开始跑步，而且这个系统还能分析同学们的运动情况。深圳大学在校园的不同地方放置了长跑信息收集终端，可以自动记录同学们的跑步情况，这个信息电子采集终端会自动的计算出同学们的速度、时间和距离，最终会建立一份属于每个同学自己的跑步档案袋。

"校园阳光长跑智能自主管理系统"可以监督同学们做到自主和自动，自主和自动又有区别，一般的标准是"四自主"和"五自动"。"四自主"的内容就是学生可以自己选择长跑的时间以及路程，同时也能自己定制运动量，选择自己承载的负荷量，还能自主地选择长跑的区域位置。"五自动"指的是自动叠加学生的路程，自动将系统成绩与体育课的成绩相结合，系统还会自动建立每个学生的长跑档案袋，会自动向家长以及老师报告学生的长跑成绩，并且这个系统还有自动防止学生作弊的功能。

三、大学体育精神文化构建

1. 对大学体育精神文化建设分析

大学体育文化最重要的部分就是大学体育精神文化，大学体育文化想要在学校中得到发展也取决于精神文化，精神文化是处于隐形的状态，作为核心组成部分常常被人们所忽略，但它对培养大学生的体育认识和推进大学体育文化具有重要作用。

（1）学生体育锻炼的意识不强。

大学体育项目自从开设选修课以来大学生对于选修课选择的自主性就大大增强了，体育活动项目的多种多样可以培养大学生对于体育的兴趣，大学生对体育有兴趣就会自发地去进行锻炼，就会体会到体育的魅力和大汗淋漓的快乐。但其实大学生对体育的认识还不够，对体育的重要性还没有完全理解，而且还有一些大学生认为体育活动会减少学习知识的时间，阻碍自己未来的发展。学生还不能理解体育缺乏带来的坏处，学生的健康状况越来越差，团队的合作协调能力没有得到很好的训练，最好的改变现状方法就是改变大学生对于体育文化的理解。

（2）体育教学过程中，忽视对体育精神的培养。

体育教学重视的是体育，但是中国教育中体育重视体育教学。对当前大学生的体育教育首，先应该从体育精神进行培养。学生的体育成绩不能代表所有东西，但是也可以反映一些情况。大部分学生会参与体育活动，但是只有少部分同学会参加比赛，虽然体育文化中的一些精神已经影响到了同学们，但去做的时候却差强人意，总之还是体育文化精神没有落到同学们的心理。

2. 增强学生对体育精神文化的理解，推进大学体育文化的发展

阳光体育具有合理性，在安排学生的运动量方面具有可调性，学生对阳光体育的灵活性充满热情，在学生参与阳光体育的过程中会培养学生的体育观念。而且，有效的体育活动可以达到释放压力的目的，学生们可以从体育锻炼中放松心情，获得快乐。阳光体育开展的时间长了，对学校的体育文化建设具有促进作用，可以丰富大学生的业余时间，也能给大学生们提供发展自身体育技能的机会，学生根据自己的兴趣爱好来选择体育锻炼的项目，持续对体育热爱之情。

目前阳光体育活动在学校开展的情况不错，学生对阳光体育运动的认识也在不断地改变。而且，阳光体育运动本身就是一项健康有意义的活动，同学们对此的热情也很高，久而久之就会建立和提升同学们的体育文化精神，长久坚持下去学生就会有终

身锻炼的想法，之后转变为行动。

（1）发挥体育活动口号的作用，培养大学生体育精神。

体育口号在大学体育文化发展中发挥着其独特而又不可缺少的作用。朱自清曾经在《论标语口号》中指出，现代标语口号的目的是要让人们的思想从沉睡状态变为苏醒状态，要提醒他们开始行动。由此看出，体育口号是体育精神的象征，体育口号有着其存在的意义。

华东理工大学一直对体育建设很重视，每年的3月份到5月份是我国的体育节，在此期间学校都会开展体育竞赛，到2010年已经举办了25届体育节，为师生们提供了锻炼身体的平台，向同学们发出"我选择、我喜欢、我活动、我健康"的口号，希望同学们养成良好的锻炼习惯，从而投身于"全国亿万学生阳光体育运动"的体育项目。

（2）利用榜样楷模，宣传体育运动。

利用榜样的模范力量来宣传体育运动，用明星效应勾起学生们的兴趣，而且大学如果能有体育明星之类的人物，更能给这所大学创造体育文化氛围。马约翰是清华体育文化锻炼的重要带领人，清华大学举办的"马约翰杯"运动会在每年的固定时间会举行一次，据统计数据来看，参加比赛活动的人数逐年增长。

蒋南翔校长1964年1月这样写到：马约翰为清华贡献了自己50年光阴，他一直不断地进步，并坚持着自己的思想，马约翰数十年如一日不断学习的精神打动了莘莘学子，学生应该学习他学到老活到老的精神；更应该学习的就是他对体育运动的不断坚持，只有身体好才能为自己、为家人、为社会做更多、更有意义的事情。通过宣传这种方式让学生更了解体育运动，从而使学生感受到体育的文化精神，这也是一种不错的方式。

（3）开展阳光体育运动，让大学生增强体育锻炼的意识。

体育锻炼意识是学生根据自己对体育的认识选择开展体育活动，自己来决定锻炼的项目和锻炼的方式。目前，学生由于学习压力大从小就没有形成锻炼的习惯，而且他们对于体育的认识也受到了家庭、学校和社会的影响，导致到大学也没有参与体育锻炼的意识，对体育锻炼的认识不够。从6岁到18岁，学习用学生大部分的时间，学习的压力让学生们忽略了体育活动对自身健康的意义，大学为学生开设了多种多样的体育选修课，学生可以根据自己的兴趣爱好和强项来选择体育项目，从而让学生们真正地爱上运动，参与体育活动。

阳光体育运动存在的意义就是终身体育。"终身体育"思想的最初形成是因为人们忍受疾病的过程中，发现锻炼是使人寿命延长最健康的方式，有效的锻炼可以使人们的身体处于最好的状况。一位法国教育家在《终身教育引论》这本书中写道：体育不能只存在于人的一个阶段，这是没什么效果的，而应该存在于一个人的一生。

开展阳光体育运动的目的就是帮助同学们了解体育的重要性，提升身体素质、拥有健康的身体。希望学生们走出校园以后也能坚持参加体育锻炼，这样才能为家庭和社会作出更多的贡献，自己的寿命也能更长，更好地珍惜生命。

第五章　阳光体育背景下高校体育教学

　　高校学生体质健康问题已经变成了一个公众的焦点。这种问题的发生一部分原因是高校课程结构不合理造成的，教师太过于强调体育课堂强身健体的作用，把体育课程定义为一个学生自由活动的课堂，甚至把一些体育课程变得机械死板，大部分学生喜欢运动、喜欢体育，但是却不喜欢体育课程，这就为体育课程的高效开展造成了很大的阻碍。随着新课程改革理念的不断深入，阳光体育理念也逐渐成熟，并且已经在许多高校地区得以应用，在体育教学活动中取得了不错的成果。那么如何才能更好地贯彻阳光体育理念，打造一个高效率的高校体育课堂成了每一位教师需要认真思考的问题。这就要求教师在教学活动中逐渐摒弃传统的教学理念，不断扩充高校体育教学内容，在体育课堂教学活动中采用多样化的教学理念，以培养学生的体育学习兴趣为基础，致力于增强和完善学生的体育综合素养。

第一节　高校阳光体育的开展形式

一、高校践行阳光体育的教学修正与机制探讨

　　对于各高校开展阳光体育来讲，需要通过自由、广阔的教学空间及人文教学功能推动体育教学的进步与完善。以人文教育为基础，向学生讲解体育的文明，树立学生

终身运动的观念。国家体育总局、教育部于 2007 年实行了《学生体质健康标准》，并在全国范围内各类学校大力推广阳光体育教学。

1. 增强高校内体育教学的位置

在基础教学阶段，体育教育并没有受到人们的关注，变成了可有可无的副科。在很多初中及高中院校，体育教学有名无实。从学生的小学阶段到大学阶段，约有体育课 1000 多课时，但是，有 95% 的学生认为体育课程并没有发挥锻炼身体的效果，甚至部分学生连基础的体育比赛规则也看不懂。所以，对于高校来讲，教师就应该转变此种情况。

（1）改变以往体育教学的评估模式。

在以往的高校体育教学过程中，其评估模式主要存在的不足包含以下几个方面：目标不清晰、形式简单、内容不完善等。以往体育教学评估模式重点在于对学生的"三项基本"掌握情况进行检查，而忽视了评估学生的运动思维及运动能力，从而导致学生仅关注怎样学好体育，而不了解应怎样科学的利用体育强健身体。另外，评估考核的方法一般多为达标、技术评价等方式，以此来给予学生成绩，并通过成绩对学生整体运动情况进行了解。而推行阳光体育运动，在进行体育评估时，教师应细致考虑能否调动学生进行科学、自主的运动；能否鼓励学生了解基础运动技能、方法；能否激励学生了解并掌握部分体育运动的保健常识；能否树立学生终身运动的运动思想。

（2）提高高校体育老师的社会地位。

在高校内，同其他科目的教师相比，从事体育教学的老师社会地位相对较低。主要体现在以下几方面：其一，在薪资待遇方面。从事体育教学工作的老师其工资数目及待遇都较其他教师低很多，存在同职不同酬的情况；其二，很多从事体育教学的老师在职称评定方面较其他科目老师概率低。因为在很多高校中，理论、科学的学科占主要位置，而体育教学经常被人们忽视，因此，在评定职称时，学校领导的主导思想也倾向于专业课老师，部分评估人员也本着先入为主的心理，特别对专业教师给予照顾，从而降低了体育教学人员的工作积极性，影响教学质量。

2. 实行体育教学的人文教育

当前，人文体育教学的重任落在了学校的身上，特别是各个高校，更是承担人文

体育教学重任的主要对象。以下简要探讨了高校开展人文体育的方法。

（1）将体育教学同社会实践联系在一起。

对于体育来讲，其包含的顽强意志、激烈竞争、各项标准、团队合作等都与社会中人们的日常工作、学习、生活存在密切的关联。所以，想要提高体育教学质量，树立人们运动精神，就需要将教学活动与社会实践联系在一起，从而帮助人们适应社会。对于体育教学来讲，其是伴随着学生由小学至大学期间的必修科目，所以，对于高校来讲，应重视体育教学工作，其是学生由校园步入社会的实践过渡，教师应提高学生对体育课程的重视程度，树立学生终身运动的思想，开展人文体育教学活动。

（2）增强学生们的体育文化能力。

在学生大学阶段进行体育文化教学，有利于补救以前由于基础教学时期对体育忽视而造成的学生运动基础薄弱问题。这就需要高校转变以往教学模式与方法，并不是单纯的组织学生在操场上活动一下，单调乏味的讲解体育理论知识，而是应加大对体育文化教学的关注力度。对于体育文化教学来讲，其主要包含的内容有：项目的基础常识、运动的技术性、包含的文化底蕴等，同时转变以往的教学方法，引进多媒体技术，从而激发学生的学习积极性，促使学生主动参与教学活动，提高教学质量，帮助学生完善自身发展。

（3）在学生的日常生活中融入体育。

推行高校阳光体育运动，就是一次使学生广泛参加体育运动的机会。假如能够高效、科学的推行该活动，并合理添加一些技术性相对较强的运动项目，对体育的内容进行丰富，激发学生的运动积极性。教师在进行体育教学时，应与学生的日常生活关联起来，让体育独特的魅力给予学生特殊的感受。例如：通过让学生进行长跑，培养学生的耐力；让学生进行游泳，对学生的形体进行塑造；通过组织比赛让学生学会合作、感受成功。这些特殊的感悟在学生以后的成长中会产生积极的影响，不断帮助学生完善自身发展。

3. 创建阳光体育教学的长效机制

（1）加大高校体育教学设施的修建力度。

自 1999 年起，各大高校就开始了大规模的招生活动。但是，伴随着学生人数的不断增多,而学校内的体育运动设施却没有相应增加。部分高校不但没有加多运动设备,相反,减小了运动场地。在实行阳光体育期间,应加大高校体育教学设施的修建力度,不断提高学校内体育教学设施的水平,从而为体育教学奠定物质基础,同时这也是保证阳光体育不断发展的前提。

（2）加设体育奖学金。

设立奖学金,不但能够促进学生努力学习,同时也可以体现出学校对科目的关注度。当前,我国体育教学之所以不成功,主要是由于长时间学校对体育教学的忽视导致的。对于高校来讲,应参考外国的先进经验,加设体育奖学金,不但体现出对体育教学的关注,同时还能够激发学生运动的积极性。奖学金设定不应仅针对体育专业的学生,同时还应设定相应的辅助项目来激励其他专业的学生参与体育活动,从而为学生以后的成长奠定基础。

（3）创建并改善各类运动社团。

高校对于体育教学来讲,是最终的阶段,同时也是终身体育的起点。创建体育团体,是学生自行了解喜爱、适合的运动的开始,其能够将阳光体育区分并且细化。并且为学生将来的社会活动发挥引导及过渡功能。高校内的运动社团可以在学生会等配合下,组织学生创建团体,让学生互相交流运动经验及感悟,从而落实阳光体育,帮助学生完善自身成长。

总而言之,对于高校来讲,想要良好的践行阳光体育教学,就需要通过多方人员的共同努力,学校为体育教学提供物质保障,教职人员转变以往教学方法及教学观念,丰富教学内容,修正教育机制,利用多种教学模式激发学生的运动积极性,促使学生主动参与体育活动,树立终身体育的观念,从而为学生以后的学习及成长奠定扎实基础。因此,对高校践行阳光体育的教学修正与机制进行探讨是值得相关人员深入思考的事情。

二、高校开展"阳光体育运动"的特性

1. 大学生参与运动的自主性强

大学期间,高校为大学生开设了丰富多彩的体育运动项目,不同的大学生都有

自身喜爱的运动项目以及感兴趣的活动方式。时间、空间的自由，大学生参与阳光体育运动的自主性增强，如何培养良好的健康锻炼习惯，树立终身体育意识，必须引导好学生参与阳光体育运动主观能动性，充分张扬学生的个性与主体性，让大学生在宽松和自由的环境中选择其喜欢的运动项目，积极参与锻炼，从运动中获取愉悦的心情，使他们更加喜欢参与运动，在这种良性的循环中培养坚持锻炼的意识和品质。

2. 大学生运动参与的动机丰富

学生不会无缘无故地去体育场进行体育活动，当他们从事某种体育活动时，表明他们内心中一定产生了想要运动的愿望。强身健体、提高技能、社会交往、情绪宣泄、追求成功、展示自我等都可能是学生参与体育活动的需要，这种需要达到一定水平，就成为心理动力推动自己行动起来，这就是运动动机对学生体育学习和身体锻炼行为的发动功能。

3. 丰富多彩的运动项目有效提高学生参与运动的积极性

阳光体育提倡参与各类运动项目，组织形式丰富、多样。不同地域、民族、体质、性别、年龄、兴趣等大学生可以根据需要选择自己喜爱的体育项目，参与到体育锻炼和活动中，充分张扬学生的个性与主体性，改变我国近年来学校体育在发展过程中存在的运动项目单一、压抑学生个性特征的弊端，使全面扩大阳光体育积极因素。

4. 大学生身体素质的发展趋于稳定

近年来，大学生在力量和耐力素质方面下降尤为严重，耐力素质关系到学生心肺功能强弱，耐力素质的提高必将成为阳光体育运动的主要任务，通过有关数据分析，约90%以上的《国家学生体质健康标准》不合格的大学生身体形态均为超重、肥胖或者营养不良，而力量和耐力素质的锻炼正是解决非正常身体形态的有效手段，阳光体育运动的可持续性开展有助于大学体质健康水平的提高。

5. 大学生参与运动的时间有较强随机性

大学生参与阳光体育锻炼的时间不同于中小学生，他们没有统一的时间可以组织锻炼，尤其是已经没有体育课的学生，组织好他们做到每天锻炼一小时有很大的难度。大学生在校期间除了学习之外，有许多其他事物需要处理，因此，如果没有持之以恒的耐性，体育锻炼只能是计划当中的事情。

6. 大学生人均有效使用运动场地较小

高校学生的剧增必定导致运动场地的不足，体育场地设施及资金的投入是实现体育课程目标和顺利开展"阳光体育运动"的物质保障，是体育教学、课外体育活动和课余运动队训练及其他正常工作的前提。运动场馆至少要达到教育部《普通高校体育场馆设施、器材目录》的要求。在现有的场地、器材情况下要有计划、有序地组织好阳光体育运动的开展。

三、高校阳光体育的开展形式

1. 构建多元化的课程模式，满足不同层次需求，促进阳光体育持续发展

传统的体育教学课堂强调课程开展的协调性，完全忽视了学生学习兴趣的需要。很多高校的选课机构很不完善，许多学生可能对自己的体育课程非常不感兴趣，但是还要单纯为了上体育课程修学分而上体育，这就违背了阳光体育理念的本质要求。一旦学生失去了体育课堂兴趣性就会在课堂中失去了目的性，也就不能在体育课程锻炼中放松自己、强身健体。因此高校需要逐渐构建和完善多元化的课程模式，教师也要在教训活动中开展一些丰富多彩的体育运动活动，激发起学生的学习运动兴趣，让更多的学生更好地参与到课堂教学活动中来。另外高效体育课程设置也要满足不同学生层次的需求，做到体育教学的针对性，培养学生终身体育的理念，促进阳光体育的持续发展。

高校体育要做到教学活动中的针对性，就像针大一的学生首先讲述体育基础知识和教学内容。比如教师要做到在课堂教学活动中层层深入、逐渐引导学生进行体育锻炼，在上半个学期要加强学生对体育理念的认识，首先开展基础能力的培养和锻炼，先增强学生体育能力和身体素质。先讲授学生体育锻炼的基本能力要求，比如要首先有一个良好的身体素质和身体对抗能力。因此这一时期教师可以先做一些体能训练，给学生下达一个训练目标，增强学生的运动信心。然后在接下来的体育课堂大学生可以根据自己的兴趣爱好选择自己喜欢的体育课程，随后体育教师在做一些针对性、专项性

训练教学。比如有的学生选择的篮球，教师可以先在课堂中给学生讲述一些篮球的发展历史，然后给学生讲述一下篮球的一些基本技巧和规则，巩固学生的篮球基础能力水平，然后让学生进行组队打比赛，培养学生之间的团队合作能力。通过这种方法可以满足不同层次学生的需求，做到有针对性的体育教学，可以有效地促进阳光体育持续发展。

（1）传统运动项目、时尚运动与民族运动项目协调开展。

现阶段，在体育教学中，虽然大多数高校都在倡导提高大学生的综合素质以适应社会的发展，但实际上依然没有改变传授型的教育观念，教学内容普遍陈旧，无法跟上知识的更新换代，在课堂教学中忽视学生的独立性，加之评价方法不合理。从而在很大程度上打消了学生对体育课的兴趣，同时也限制了学生个性发展，影响了学生体育习惯的养成。因此，高校应以实施阳光体育为契机，将体育教学内容由规定性向选择性发展，由传统性模式向现代体育模式的转化。随着现代的运动项目和娱乐性体育项目的不断涌现，轮滑、攀岩、瑜珈等时尚运动将逐渐成为大学生的主要运动方式，因此，受到大学生欢迎的体育项目应成为高校阳光体育运动的主要内容。此外，我国是一个多民族的国家，民族体育项目既各具特色，又有良好的健身价值，因此，高校在开展阳光体育运动的过程中，应根据当地民族体育的特点，加以适当选用。

（2）营造积极的校园体育锻炼氛围，让每个人都参与其中。

高校体育文化艺术节是一种新型的校园体育活动组织形式，其以内容丰富、参与面较广等特点，符合阳光体育本质的要求，也符合新课改的方向。因此，高校应充分利用体育艺术节这种形式，进一步扩大阳光体育在大学生中的影响力。

①通过开展体育知识讲座、展览，视频欣赏等形式，向广大大学生介绍各个运动项目的特点，帮助有兴趣的学生深入了解运动项目。

②在艺术节期间增加集体性、趣味性的竞赛项目，培养学生的运动兴趣，增强学生的协作精神和集体荣誉感。

③通过体育文化艺术节这种很好的宣传形式，让每个学生都能找到自己喜欢的运动项目并乐在其中，不断丰富阳光体育的内容。

（3）在体育教学中，运用现代多媒体技术激发学生体育运动热情。

教学手段的现代化是教育现代化的重要标志，现代信息技术在体育教学领域的运用越来越广泛。在教学过程中，运用信息技术来辅助教学可以大大增加课堂容量，提高教学效率，丰富学生的学习内容，有助于集大学生的注意力，激发学生的学习动机，其提供的信息量是普通教学手段所难以企及的。同时，教师利用现代信息技术进行分析对比，可以提高学生分析和解决问题的能力。利用现代信息技术，把各种不同的运动技术、技术难点、重点、常见错误动作制作成课件，在学生上课时让学生观看，并与学生一起分析比较，提出问题，解答问题，可以促进学生分析解决问题的能力。

（4）充分利用课外体育活动，满足学生的个性发展。

为了促使阳光体育运动更好地开展，吸引大学生积极参与体育锻炼，掀起全体学生健身运动的高潮，高校应积极把课外体育活动纳入到学校日常管理计划，并逐渐规范化、制度化。在课外体育活动形式和内容的组织上，充分考虑到学生的个体差异与兴趣爱好，探索学生感兴趣、学校特色的学生体育活动，激发学生积极参加课外锻炼的热情，使上课内容的消化、理解在课堂外得以实现，真正实现课内外一体化。另外，还应充分发挥学生体育社团、协会的功能，吸引学生参与课外体育活动，使体育协会成为当前和未来学校体育课外活动的重要组织形式。同时，加强对学生体育社团、协会的支持、管理和指导，帮助学生社团、协会吸引更多的学生加入其中，满足学生个性发展的需要。

国家教育部 2002 年下发的《全国普通高等学校体育课程教学指导纲要》明确指出："将课内外体育、运动训练纳入体育课程，构建课内外、校内外有机联系的大课程结构体系。"高校体育教学须"以学生为本"，围绕时尚体育，展开大学公体课程改革；确保学生"每天锻炼一小时"的运动时间，科学、合理、有创造性地安排活动内容；应将体育教学与课外体育活动相结合，吸引更多的学生加入到"阳光体育运动"中来，掀起大学生体育锻炼热潮，培养大学生体育锻炼的习惯，强化终身体育意识，切实提高大学生的体质健康水平。

2. 更新课外活动内容体系，使课外活动成为大学生实践阳光体育的主要途径

在许多高校地区低年级学生还做一些课外活动，但是到了大三、大四学生很少做一些课外活动，这种不规律生活习惯对学生体质有着很大的负面影响。因此教师要在体育教学活动中激发起学生的的参与热情，让更多的学生更好地参与课堂教学活动中来，这就要求教师要不断更新课外活动内容体系，多开展一些趣味体育运动活动，调动起学生的积极性。另外课外运动不同于体育课堂，学生有着更多的自由性和选择性，因此学生的参与性也就更高，共同营造一个良好的运动氛围，使课外活动成为大学生实践阳光体育的主要途径。教师在课外活动中除了增加趣味性以外，还要增加运动的安全性，消除安全隐患。

比如教师可以组织学生利用课外实践开展越野活动比赛，比赛的全程以 5 公里为目标，根据高校校园路线进行标定，另外还可以在路程当中适当的增设一些障碍，比如一些板凳、水潭之类的小障碍物，这些障碍物可以让学生感到一些挑战性和满足感。此外这种越野比赛的开展还可以以学院为单位进行报名，学院之间还可以制定一些战术策略，互帮互助共同取得好成绩。另外高校还可以举办"篮球宝贝"比赛，在校园里大部分都是男学生做一些篮球运动，这个比赛就是要增强女学生的参与性，比赛形式规定为三女二男，而且在比赛过程中男生不能防守女生，也不能阻挡女生的进攻路线，而且在抢篮板球的时候不可以跳跃，男生只能在三分线及以外投球。这种"篮球宝贝"的比赛形式突出了女学生的主体性，因此女生的参与性也就更高，同时篮球比赛的趣味性也会因此增加，观众也会被男生的窘迫行为所逗乐，有利于阳光课外活动的高效率开展。另外还可以举办一些接力跑的比赛，每一位学生只有在完成一个小游戏测试之后才可以完成接力，比如一些你画我猜游戏和筷子夹乒乓球等简单游戏，做完游戏之后才能完成传递接力棒，然后再由下一名学生做任务。通过这种方法可以提高课外活动的趣味性，激发起学生的运动兴趣，对阳光体育的高效开展有很大的帮助。

3. 建立与阳光体育评价相一致的体育课程评价体系，完善评价机制

课程评价体系包含着两个方面，一个是对教师教学效果以及一些突出教学成果的评价，另一种则是对学生体育能力的评价。通过建立一个与阳光体育相一致的体育课程评价体系，可以让教师不断提升自身的体育综合能力，从而更好地应用到课堂教学当中，可以提高体育课堂教学效率。另外通过对学生的评价机制还可以调动起学生的积极性，针对学生体育能力对学生进行评价，增强学生运动健体的信念。通过评价机制不仅要起到监督的作用，还要对学生的整体能力做出一个评定，然后指定下一步的体育教学计划，提高阳光体育教学理念的教学质量。

比如高校可以在每一个学期制定一些基本体育能力的测定指标，比如第一个学期测定引体向上、1000 米长跑和跳远，其中引体向上 8 个为达标、12 个为及格以及 16 个满分这几个档次，通过档次的划分来对学生进行评价。而 1000 米长跑则是根据时间来进行划分，3 分 20 秒以内为满分、3 分 45 秒以内为及格以及 3 分 55 秒为达标三个档次，同样跳远也要划分出几个等级。而等到下一个学期之后可以制定实心球、100 米短跑和坐位体前屈等三项基本测试。另外针对一些专项运动，比如篮球和足球等还可以进行专项测试，就像篮球可以测试一些三步上篮和罚球线定点投篮以及带球跑三项，而足球可以测试学生定点射门和带球绕杆以及垫球三项基本测试。通过这种方法对学生进行体质评定，对提升阳光体育教学深度有很大的帮助。

总而言之，阳光体育是现代体育教学中一个先进的教学理念，但是阳光体育课程的深入也不是一朝一夕能够完成的，这期间需要教师和学生之间共同努力，教师要在教学活动中逐渐引入多元化的教学元素，采用多样化的教学方法，逐渐深入阳光体育教学理念，致力于提升高校学生体质状况。

三、高校阳光体育开展新模式探索

高校体育教学改革是一项系统工程，正如中国足球的进步如果需要健康发展需要有长远规划。早在 2002 年 8 月，国家教育部体育卫生司就发布《全国普通高等学校体育课程教学指导纲要》，其提出了"三自主"的教学理念，即自主选择教学内容，自主选择老师，自主选择上课时间。大学课堂上每周 1～2 节体育课，不能对学生体质提高起决定性作用，并且很多高校只在大一、大二开设课程，因此更主要的是增强大学生自主锻炼的积极性，高校体育俱乐部由此产生。

1. 高校体育俱乐部的模式

高校体育俱乐部的出现将会很好解决当前高校阳光体育两种极端模式，一是纯粹的强制性活动，如部分高校的晨跑项目，如果在学生和学校之间缺乏有效沟通会产生误解和隔阂，特别是本次调研显示只有 6.9% 的学生喜欢跑步，可能会进一步增加反感，第二种模式是纯自由型无监管模式，如纯高校体育社团，在完全无约束的状态下，对阳光体育的开展与学生体质的提高根本不能起到很好的作用，因此这种中间模式将来可能会成为主流。

而高校体育俱乐部的模式可以兼顾以下两种，一是和当前绝大多数高校体育课堂选择模式一样，可以自由选择体育项目，而体育俱乐部的存在无非就是扩展了体育锻炼的长度与宽度，二是体育俱乐部的需要配备一定数量的老师作为指导，这种指导非完全的教学关系，更多的是师生间互相交流的平台，三是可以指定以学生为主的多元化评价机制，不只是注重所谓的锻炼量，更多往锻炼的"质"上倾斜。

（1）高校体育俱乐部的建立的意义。

第一，其有助于学生建立终身锻炼的思想，这将会对于学生的今后的工作乃至生活的方方面面起到十分重要的影响。如今的社会竞争如此激烈，拥有良好的身体才是最重要的法宝与财富，否则纵使家产万贯，高官显赫，没有良好的身体一切都是白搭。

第二，有助于学生的体育兴趣，"运动使人快乐"并非一句空话，而有其深刻的科依据，人的生活如果只是充满了工作、金钱等等，那么人只是工具，因此一个人拥有自己的兴趣爱好才是完人，而体育锻炼正是其中重要的一项。

第三，有助于体育教学和课外体育活动的紧密结合，体育教学与体育俱乐部并无主次关系，不应把体育俱乐部当作是体育教学的一种补充。因为体育教学对于学生来说早晚有一天会结束，如果纯粹依靠教学或者强制性锻炼并不能树立一个人的终身体育锻炼观念，因而体育俱乐部更重要的是宣传运动人生这一理念。

第四，有利于加强学生间相互交流，提高学生交际能力，这看起来是体育俱乐部的一个副作用，其实拥有良好的体魄，有利于形成人的良好灵魂，因而这本身也是体育俱乐部十分重要之处。

第五，有利于构建体育强国。我国早已是体育大国，2008 年北京奥运会，我国取得了金牌榜第一的身份，2012 年的伦敦奥运会，我国奥运健儿又以奖牌总数第二的身份勇夺佳绩。而与此同时，与我国奥运健儿摘金夺银形成鲜明对比的是当前我国大众体育的发展大幅度滑坡，特别是当前中国青年的身体素质状况令人堪忧。每次对比国内外参与重大体育赛事的运动员，会发现国外许多运动员是纯粹热爱这项运动，有很多运动员还是学生，抑或是有诸如警察、医生等主业，这和国内存在很大差距的，很多情况下，国内许多运动员为了训练而训练，为了比赛而比赛，因此，体育俱乐部的发展无疑会增强全民素质，增强国家体育人才厚度。

（2）高校体育俱乐部的建设。

首先，关于高校体育俱乐部的管理主体，主要有两种意见，一是学生自我管理，二是学校有关部门管理（如体育教学部等）。有调查显示学生对自我管理的积极性比较高。目前高校体育俱乐部的管理主体属于学校的相关部门，但没有明确权力清单，导致管理效率低下，如果可以适当放权，让学生自主管理为主，充分发挥学生参与体育俱乐部建设的积极性，对于政策的理解与落实有很大的推动作用，与此同时，可以对学生管理能力进行培训与指导，定期对俱乐部工作进行检查，如会员活动情况、会员考核等等，学校体育相关部门可以对此进行分析，并以此为依据对俱乐部活动进行下一步指导。

其次，是关于俱乐部运营经费问题，主要有学生自筹和学校扶持和两种结合这三种观点，笔者支持以学生自筹为主，学校予以扶持。经济的独立才能很大程度保证体育俱乐部的有效运行，绝大多数大学生已经成人，因此也需要有独立意识，学生可以通过缴纳会费组成团体，同时可以通过拉外联方式增加体育俱乐部经费，当然，学校在必要时也需要给予经济帮助，如大型场馆的建设和公用器材的购买与更新离不开学校。

最后，是关于高校体育俱乐部评价机制的问题。由于体育俱乐部类型多样，因此评价体系也应该多样。如学校体育部门对俱乐部的评价可以从会员参与度、会员互评、指导老师评价和常规项目考察等方面来考核。会员参与度是从整个体育俱乐部角度来看的，作为一个集体，其整体的参与度一定程度上可以看出该俱乐部的运行情况，会员互评则从集体中每个人对其个人感受可以看出个人锻炼效果，同时也

可以相互监督、相互进步，指导老师则从相对专业和公正的角度来评判体育俱乐部与个人的锻炼情况，最终是通过常规项目考核，则更加客观评价每个人的锻炼效果，但又不是单纯的考查，每个人本身都有一定身体素质的差异，所以通过这种多元模式评价更加科学、完善。

2. 山东大学开展阳光体育运动，增强学生体质特色模式

山东大学作为教育部直属重点综合性大学，历来具有重视体育工作的优良传统。自从"全国亿万青少年学生阳光体育运动"启动以来，学校充分认识到这是新时期加强青少年体育、增强青少年体质的战略举措，积极以高度的责任感和改革创新的精神探索开展学生阳光体育运动新思路、新途径，深入开展学生阳光体育运动，形成了全员参与群众性体育锻炼的良好风气，使学生的体质健康水平进一步提高。在开展学生阳光体育运动的活动中，学校高度重视，经过学校体育工作者的集体努力和辛勤工作，同时积极吸取兄弟院校成功和先进经验，逐步探索形成了具有山大特色"一二三四"阳光体育运动模式。

（1）"一"是树立一个中心。体育是育人的载体，阳光体育是增强学生体质的有力举措，在这一要求下，学校树立了围绕全体学生的"体质健康促进"这一阳光体育运动的中心。同时"体质健康促进"也是学校体育工作的宗旨和核心，它积极有效地调动了各方面的资源和积极性，推动了学校阳光体育运动的开展。

（2）"二"是构建二个体系。在开展阳光体育运动的过程中，学校积极围绕"体质健康促进"这一中心，逐步"构建二个体系"来保障阳光体育运动这一中心的顺利实现。

一是构建制度管理体系。制度是保障阳光体育运动有序、规范开展的重要保障。在这一思想的指导下，学校成立了以分管学校体育工作的副校长为组长、学校有关单位负责人为成员的"山东大学阳光体育运动工作办公室"，制定出台了《山东大学关于加强学生体育增强学生体质的意见》《山东大学关于关于开展学生阳光体育运动考核工作的意见》《山东大学学生阳光体育运动考评评分实施细则》等有关文件。

二是构建服务支持体系。第一，加大基础设施建设力度。体育锻炼基础设施是开展体育运动的物质基础，而近年来随着高校的扩招，在校学生的数量急剧增加，相应的体育基础设施建设相对缓慢。结合这一现实，山东大学根据校区多、学生多且分散

的现状，通过各种措施加强体育基础设施建设的力度，将从事体育锻炼需要的器材设备向广大学生身边移近。学校6个校区分别安装了"健身路径"、开辟了"健身走廊"，达到了每50名学生拥有1件、每800名学生拥有1套（每套15件）的公共健身器材配备标准；同时在6个校区分别建设了"《国家学生体质健康标准》测试中心"，配备了先进的测试设备、研制开发了满足全体学生不同时间需求的网上预约系统、网上查询系统和成绩上传功能。

（3）"三"是开辟三个渠道。以"突出一个中心"为宗旨、在"构建二个体系"的保障支持下，学校根据阳光体育运动开展的实际需要，开辟了学校组织、学院组织和学生体育协会组织三个渠道作为山东大学阳光体育运动的具体推动者和实施者。

①学校组织。山东大学体育运动委员会作为阳光体育运动考核领导机构，由分管学校体育工作的校领导担任负责人，各有关职能部门领导、各学院领导、校级体育协会（社团）负责人组成，领导小组下设办公室（以下简称考核办公室），考核办公室设在体育学院。各学院分管学生工作的副书记为本学院学生阳光体育运动的负责人。

②学院组织。体育学院成立学生阳光体育运动技术指导委员会，成员由体育学院选拔优秀体育教师组成，每位成员负责联系一个学院或一个体育协会（社团），具体负责指导开展学生阳光体育活动，包括：指导制订阳光体育活动开展计划，协调场地器材，推广与普及新兴体育项目；负责监督该单位阳光体育运动开展情况，定期向学生阳光体育运动考核领导小组办公室汇报。

③学生体育协会组织。阳光体育运动的开展贯穿全年，年初为制订计划阶段，年终为总结评比阶段。每年年初各学院和各校级学生体育协会（社团）制订本年度阳光体育运动开展计划，并报阳光体育运动领导小组考核办公室；每年年终各学院和各校级学生体育协会（社团）应对本年度阳光体育运动开展情况进行总结，并报考核办公室。

这三个渠道是阳光体育运动的具体实施者，在阳光体育运动的实施过程中发挥着多头组织的作用，它们之间既有分工又有合作，纵横交织，全方位推进，形成阳光体育运动齐抓共管的局面。

（4）"四"是实现四个目标。通过开展阳光体育运动，最终能够实现全体学生"每人每天锻炼一小时""每人掌握两项以上运动技术技能""人人成为某一学生体育协

会组织成员""人人达到《国家学生体质健康标准》测试要求、部分学生达到优秀"的目标要求。

（5）特色活动。山东大学体育文化节从 2005 年开始，已经成为山东大学阳光体育的核心品牌活动。历时三个月的山东大学体育文化节遵循"走向操场、走到阳光下、走进大自然，积极参加阳光体育运动"的主题，安排了丰富多彩的活动，包括街舞、健美操比赛，"健身路径"使用"锻炼处方"巡回宣讲，篮球比赛、足球比赛、乒乓球比赛、羽毛球比赛、网球比赛等，以全新的形式、灵活的方式吸引、鼓励广大学生参加体育锻炼，同时开展丰富多彩的群众性体育活动，初步形成了"班级活动、系系活动、院院活动"的组织推进模式，使体育活动涉及每个学生，落实到每一天。

浓厚的体育文化氛围。在 2012 年山东大学田径运动会，引进了有"草地象棋"之称的装备式橄榄球。这次表演是第一次进入山东，也是国内第一次进行全程网络直播，不仅使师生能够近距离感受到美式橄榄球运动的文化和魅力，而且丰富了校园体育文化氛围。同时山大体育馆承办中国乒乓球联赛，也是首次承办全国性体育赛事。乒超联赛选址山东大学，丰富了学生们的校园生活，激发了师生投身体育运动的热情，有利地促进了阳光体育运动的开展。

充分发挥高水平运动队的示范带动作用。学校拥有一批高水平运动队，在一系列国际、国内重大比赛中取得了辉煌成绩，培养了以奥运冠军邢慧娜为代表的一批优秀运动员。他们对扩大山东大学的社会影响力，激励广大师生努力工作、刻苦学习发挥了独特作用。在开展学生阳光体育运动中，学校注重加强高水平运动队与普通学生之间的直接技战术交流与沟通，采取循环赛，到学院层面切磋、带动、指导，积极组建各项目代表队，参与校级、省级、国家级比赛，增强学生的主人翁意识。例如山东大学研究生篮球队有 5 名队员是从普通学院选拔上来的，使其在群众性体育活动中的示范带动作用得到了进一步发挥。

四、高校阳光体育与大学生终身体育的有效对接

1. 高校阳光体育当前实施的状况及影响其与终身体育对接的因素

阳光体育是我国为了全面地提升各级学生身心素质水平，而推出的一项新的体育

运动号召，自从 2007 年国家发布了新的评价学生体质健康的相关标准之后，这项运动便在我国各级学校中开展起来。阳光体育运动致力于将全体学生引入到自然环境中以及阳光下，引导学生积极主动地参与各种适合的体育锻炼，从而使学生能够全面适应新时期社会对于人才的需求。本文下面主要是针对阳光体育当前在高校实施中存在的缺陷以及影响其与终身体育顺利对接的因素进行了分析。

（1）就阳光体育运动当前在高校实施中存在的缺陷来讲，一方面，此体育运动的开展缺乏必要的持久性，国家的各大高校一般都针对每一年的教育部或者共青团等的宣传为期限开展火热的阳光体育运动，而一旦宣传过后，这种运动也就逐渐销声匿迹。另一方面，阳光体育运动在高校中的开展存在着过分的单一性的问题，即高校在开展此项运动时，主要是以完成国家的教育任务为目的，简单地举行一些跑步之类的体育运动，而能切实地根据学生的运动要求组织多样化的运动形式。再一方面，阳光体育运动在高校中的实施还存在着过度理想化的问题，在此项体育运动号召及宣传的初期，引起了高校的广泛重视及全力参与，高校的教师针对它的开展制定了详备的计划方案，但这些方案的制定忽视了对于经费、可执行性、学生承受能力等的考虑，以至于这项运动无法达到真正的落实。

（2）就当前阻碍阳光体育在高校中与终身体育进行对接的因素来讲，学生的主观因素占据了关键的地位，即当前的大学生在经历了应试教育的长久影响及高压的高考工作之后，普遍倾向于将为应对考试而参与的体育课程弃置一旁，而再不能真正积极主动地进行体育锻炼。同时，当前的大学生还未能真正地从心理上达到对于终身体育以及阳光体育的理论及其重要性的认知，体育锻炼在他们的认知里只是一种消遣娱乐的无所谓的事物。而高校的客观因素也不可避免地影响着二者的对接，当前高校还不能达到专门为体育运动提供充足的经费或者是购置完善的体育设施，而且缺乏对于体育运动开展的有效监督，这就降低了阳光体育运动开展的可持续性及执行力。

2. 阳光体育运动在高校中与终身体育进行有效对接的相关策略

（1）全力规范学生对于体育运动的认知。

首先，我国各高校必须积极地开展对于学生体育教育的理论教育，通过分批组织，使学生以小团队的形式接受终身体育以及阳光体育二者的相关理论以及其重要性的教

育，进而逐步地使全体同学的体育运动理念皆得到全方位的扭转。而高校在进行理论教育的过程中，还要注意教育的开展方式，比如可以利用多媒体来播放一些图片、视频等形象直观的教育理论知识，从最清楚明了的层面使学生认识到参与阳光体育运动，维持终身体育锻炼的重要性。其次，高校还要针对阳光体育在校园中与终身体育的对接来营造浓厚恰当的氛围，比如学校可以借助于体育部学生代表定期在操场上或其他适合的场所进行体育锻炼，以吸引其他学生的参与，同时还要在学校广播站或者校内网等途径上积极宣传进行阳光体育及维持终身体育的重要意义。

（2）加大对于二者对接的投入及监督力度。

首先，高校必须组织专门的体育教育人员来制定简明可行的全面化的阳光体育运动方案，并就这些方案来征求教师和学生的意见，再将方案全面优化之后，从财务预算中设立一个专门的款项，来维持阳光体育运动的持久性，从而推动其实现对于终身体育的接引。而且，高校还可以就阳光体育运动的开展向社会征求一部分的体育器材以及体育经费赞助，为体育运动的长期系统开展提供强有力的坚实支撑。其次，高校应该致力于将阳光体育运动的理念贯穿在体育教育改革的过程中，通过体育课程的开展潜在地引导学生加入到阳光体育的阵营，并在学生参与阳光体育运动的过程中循序渐进地帮助他们认识参与终身体育锻炼的重要意义和必要性。并且，学校还要组织一些专门或者业余的学生运动社团、各体育项目管理部门等，为学生参与体育锻炼提供可以借用的团队组织力量，并且引导学生在加入这些社团或部门的过程中实现对于其自身参与阳光体育及终身体育的有效监督。

阳光体育运动在高校的大力推行也切实地符合了国家关于终身体育运动的理念在大学校园中的实施要求，高校教师必须积极地探索影响二者之间顺利衔接的因素，进而在体育教育中积极地推动这两种体育理念的有效对接。

第二节 阳光体育视角下的高校体育管理

在教育改革持续深化的背景下，我国高校对于体育管理的重要性已经有了较为全面的认识，并对管理策略做出了不同程度的调整。此种做法推动了体育管理效率的提升，但从阳光体育视角来讲，现阶段的管理效果依旧还有不小的改进空间，需要高校结合新时期体育教育要求进一步深化管理改革。

一、阳光体育呼唤充满"阳光"的体育教师

随着"全国亿万青少年学生阳光体育运动"的全面启动，各级教育部门、体育部门和共青团组织都在推动这一活动的开展。如何利用全社会浓厚的体育氛围，深入开展阳光体育运动，是体育教师面临的新课题，给体育教师提出了挑战，也带来了机遇。青少年的健康成长需要阳光体育，体育教师是实施阳光体育的主力军。体育教师要不断更新观念，丰富知识，活跃思维，敢于探索，打破体育教学的一贯格局，引领学生享受阳光体育。

1. 体育教师在开展阳光体育运动中的重要作用

（1）体育教师是学校阳光体育运动的重要力量。

体育工作直接影响师生员工的精神风貌，也影响着学校的社会声誉和办学效益。深入开展阳光体育运动，营造浓厚的阳光体育氛围，形成积极健康的体育文化是校园文化的一个重要方面，是学校教育的重要组成部分，是学生德、智、体、美发展的保证和前提，在学生成长和学校教育中起着极其重要的作用，而体育的这些作用，则是通过体育教师的示范、辛勤努力工作发挥出来的。

（2）体育教师是学生参与阳光体育运动的引领者。

只有把阳光体育运动与体育课教学相结合，与课外体育活动相结合，才能更好地

使"健康第一"、"达标争优、强健体魄"、"每天锻炼一小时，健康工作五十年，幸福生活一辈子"等口号和理念落到实处，而体育教师的任务正是完成体育教学、组织两操、课外体育活动、进行课余训练、组织学生参加校内外体育竞赛等，使学生达到国家体育锻炼标准，让学生树立"健康第一"的指导思想，促进学生健康成长。

2. 做一个充满"阳光"的体育教师

（1）体育教师要有"阳光体育"的理念。

认真学习教育部、国家体育总局、共青团中央下发的《关于开展全国亿万学生阳光体育运动的通知》的有关内容，丰富阳光体育的理念。明确"健康第一"是阳光体育运动的指导思想，"达标争优、强健体魄"是阳光体育运动的目标，全面实施《学生体质健康标准》是基础，开展阳光体育运动要与体育课教学相结合，与课外体育活动相结合，保证学生平均每个学习日有一小时体育锻炼时间。要营造良好的舆论氛围，通过多种形式，大力宣传阳光体育运动，广泛传播健康理念，唤起全社会对学生体质健康的广泛关注，吸引家庭和社会力量共同支持阳光体育运动的开展。用爱心关心、理解、激励学生，使他们成为性格活泼、自立自强、合群合作的一代新人。

（2）体育教师要具备"阳光"的性格。

知识、智力和专业教育能力，是教师素质的认知因素或智力因素，而教师的性格则是教师素质的非智力因素，这两类因素对教师成功地完成教育任务都是必要的，缺一不可的。教师的性格对学生的心理影响是明显的，师生间的良好关系和良好的课堂气氛能使学生在学习上共同合作。

①爱工作，爱学生。

在体育教学过程中，教师在各种活动过程中表现出来的对待工作的态度、对待学生的态度（如语言、口气、眼神、手势、面部表情等），会对学生的心理活动产生很大的影响，其作用直接反映在实际教学效果中。教师经常地、习惯性地以爱对待工作、对待学生，学生在受教育的过程中感知到教师的爱与关怀，久而久之，这种爱与关怀会潜移默化地在学生的身上起作用，对学生性格的塑造起到良好的促进作用，使学生在健康、美好、愉快的气氛中，在和谐、融洽、宽松的环境下学习锻炼，以爱和关怀对待教师、同学与课程。

②风趣，幽默。

长期以来，体育课堂过分强调"严肃、认真"而忽略"活泼"，对课堂气氛的营造方面研究不足。在教学中，往往强调教师的端庄稳重，忽视教师的多姿多彩；强调教学过程的按部就班，忽视教学过程的灵活多变；强调教学过程语言的精练、规范，忽视教学语言的新颖别致、形象风趣，使得学生喜爱体育活动而不喜欢体育课堂。

体育教学是一门科学，又是一门艺术，而幽默是一种普遍应用的艺术手法。富有幽默的体育教学不仅能活跃课堂气氛，而且能吸引学生的注意，培养兴趣，启迪心智，给学生以美的享受。教师如果缺乏幽默感，口气生硬，表情严厉，会使整个体育课变得单调枯燥、压抑沉闷。有幽默感的体育教师则能使体育课堂充满欢笑、让学生在愉快中参与运动。

（3）心理健康，富有激情。

当今学生大多数是独生子女，意志品质较差，抗挫力弱，往往会因某种原因而导致心理脆弱和心理负担过重，进而产生心理疾病。阳光体育要求体育教师必须是一名合格的"心理医生"，要善于进行心理疏导，用悉心的关爱和科学的指导，带领学生走出心理障碍的阴影区，为学生健康的心理提供保障服务。要做到这一点，教师自己首先要有健康的心理，也就是说，要有乐观、健全、科学的精神生活，永葆一颗童心。因此，教师要善于自我调节心理状态，要用乐观、豁达的心态对待生活和工作，要善于放松自己的神经，要在广泛的兴趣、爱好中去寻找生活的乐趣。

阳光体育要求体育教师必须富有激情。这种激情是对民族、对人类的爱，是对真善美的迷恋和追求，更是对体育教育的敬业和对此事业的无私奉献。没有激情的人，不可能有足够的勇气和恒心做好别人没有做过的事情，也就不可能有创新，不可能很好地组织和实施需要创新的阳光体育运动。

3. 体育教师要善于发挥教学的艺术性，让课堂充满阳光

（1）"阳光"的仪表和教态。

教师穿着整洁、干练、色彩亮丽的运动服，表情和蔼，举止端庄大方，给学生以美的感受，可以丰富学生的情感体验，调节学生的情绪，达到激发学习兴趣，提高教学质量的目的。

（2）"阳光"的示范与语言。

学生喜欢看教师做动作，教师干净利落的示范，往往会使学生心生羡慕，对所学的动作跃跃欲试；教师精练的语言、生动的形象、清晰洪亮的口令，能激发学生对所学动作产生兴趣。

（3）"阳光"的教学方法。

体育教师的主导作用是保证阳光体育运动获得成功的关键因素之一。教师的创新意识、创新能力直接影响阳光体育的效果。以创新为灵魂的教学必须把学生放在真正的主体地位，而教师则要扮演好"导演"的角色，使每一个学生都能充分地运动，在生理上获得快感，在心理上获得满足，社会适应能力提到提高；都能学到新知识，并在运动技术上有所提高。

"教学有法，而无定法，贵在得法"，这说明了教学方法的灵活性和创新性的重要。教法创新应重视对学生个性的培养和发展，满足学生的创造欲，不必过分强调行动一致，提倡"形散神不散"，允许学生发表不同的意见，抒发不同的感受；教法创新应与现代教育技术相结合，为学生创造生动活泼的学习氛围；教法创新应与学法创新相结合，对于学生来说，"会学"比"学会"更重要，对于教师来说，教会学生锻炼比带着学生锻炼更为重要；教法的创新要注重学生良好情感体验的获得，艺术地创造和谐愉快的教学情境，使学生在运动中与教师、同伴相处得和睦、快乐，使学生既喜欢体育运动，又喜欢体育课，更喜欢体育教师。

（4）"阳光"的体育课堂。

"阳光"的体育课堂充满了爱和关怀，充满了理解和激励，有加油声、有欢笑声，有辛勤的汗水、有激动的泪水。

教师的感情要始终融于学生的情绪之中，教师的情绪和态度始终与学生保持一致，哪怕我们的器材太少，哪怕我们的场地太小，哪怕我们的教师还缺乏经验，哪怕我们的学生还缺少技能，但教师与学生一起活动、一起做游戏、一起鼓掌、一起欢笑，这样的课堂一定会充满阳光。

阳光体育的推出和实施，给体育教师提出了更高的要求和挑战，同时也创造了更大的学习空间和享受阳光体育的机会。体育教师要不断地学习新理念、创新教学方法，以"阳光"的身心投入到工作中，把学生培养成为性格活泼、自立自强、合群合作的一代新人。

二、阳光体育下的高校体育管理

1. 显现出的问题

基于阳光体育视角来讲，新形势下高校体育管理中显现出的问题主要有：首先，课程设置管理有待优化。在高校体育教育中，课程设置决定着教学内容，关系到教学目标能否实现，但由于未全面掌握学生需求等原因，目前不少高校的体育课程都未达到合理状态，致使培养学生各项能力与素质的任务难以完成。其次，课外体育管理不到位。课外体育实际上是体育课堂的延伸与扩展，可起到一定的教学补充与强化作用，但目前高校对于这个环节的管理普遍很不到位。比如，不少高校很少组织课外体育活动或在课外体育中并未真正发挥出应有的指导作用。这种情况体现了高校对课外体育的不重视，后果是学生难以形成锻炼习惯。最后，学生管理方法不当。体育管理中的学生管理以培养学生的兴趣与锻炼习惯为主要任务，这就要求高校立足学生兴趣差异采取引导与管理方法，但是，现实中不少高校对此并未进行全面分析，致使管理与学生心理不相符，最终造成管理效率低下。

2. 优化路径

体育管理除了对大学生身心发展有影响之外，还与高校教育质量、国家体育事业发展关联密切。所以，对于体育管理中的问题，高校决不能听之任之，而是要在能力所及的范围内，积极寻求解决方法。为了帮助体育管理尽快摆脱困境，本文建议高校从以下几个方面入手对体育管理实施优化。

（1）确立并巩固"生本理念"的指导地位。

体育管理是我国高校管理中不可缺少的一个组成部分，以推动体育教学活动的高效进行为主要目的，实质是一项服务于高校学生发展的活动。体育管理中最关键的要素是人，这一点和阳光体育的要求与目的是一致的。要想改变体育管理现状，高校就必须要确立并巩固生本理念，切实将人作为管理核心。这就要求高校转变教育理念，将服务学生作为体育管理的主要任务，并以此为立足点，对课程设置进行优化调整。

此外，高校还需正视课外体育的补充意义，根据学生兴趣创新体育运动途径，调动学生的锻炼热情；在课外体育中，高校则必须要加强组织、明确人文关怀的必要性，以满足学生需求为重。

（2）构建完善的管理机制。

体育管理实际上是一个涵盖多项要素的系统，其中的要素相互依存、密不可分，而管理者作为最基础的要素，发挥着十分重要的助推作用。所以，高校中负责体育管理工作的相关人员必须要重视自身功能的发挥，切实做好本职工作。同时，高校还应正视管理机制对体育管理的影响作用。管理机制关系到体育管理的效率，在管理机制较为完善的情况下，体育管理将有据可依，开展阻力会随之减小，各项工作也会逐渐趋于规范。考虑到现阶段体育管理机制尚不够完善，高校有必要将建设体育管理机制作为重点任务，为实现规范的体育管理打下基础。在这个方面，激励机制的建设与完善属于重中之重，在具体工作中应从细化规章制度开始，设立能够激发管理者积极性与责任感的条款。这样做有助于管理者彰显价值，也是保持机制活力的可行方式。

（3）立足个体差异，合理确定教学侧重点。

个体差异是大学生在体质、兴趣方面存在差异的重要原因，属于客观事实，所以，体育管理工作中有必要在正视个体差异的基础上，将其作为确定教学侧重点的主要考虑。作为体育管理中的关键要素，教师是联系其他要素的桥梁，在教学活动中的态度与做法尤为重要。为了帮助大学生养成锻炼习惯、使体育教学与学生专业教育要求相一致，教师有必要根据学生特点，采取侧重点不同的教学策略。以维修专业为例，考虑到该专业的就业方向与教学目标均对学生的上肢力量要求较高、男生居多等特点，教师在安排学生进行训练时，就可以有意识的侧重于上肢力量锻炼，为此，教师可鼓励学生练习俯卧撑以及杠铃抓举。而对于旅游类专业，教师就可以结合该专业女生较多、人才培养对耐力要求高的特点，安排学生练习跑步或者跳绳等符合女生兴趣同时又有助于就业的运动项目。此种做法可使体育教学为专业人才培养服务，对学生锻炼习惯的养成及就业均有一定的益处。但需注意，教师应明确每个学生的能力与身体条件不同，在对他们进行评价的时候，有必要结合实际设立科学的评价指标，以保证测评的有效性。

　　体育管理是高校管理中不可分割的一部分，对大学生就业、锻炼习惯的培养及高校人才培养目标的实现均有极大影响。然而，由于管理理念陈旧等原因，现阶段的体育管理中却普遍存在课程设置管理有待优化、学生管理方法不当、课外体育管理不到位等问题。对此，高校有必要紧密结合阳光体育要求，通过巩固生本理念的指导地位、完善管理机制、调整教学侧重点等方式，来推动体育管理面貌的改善。

第三节　高校阳光体育实施的思考

一、发展阳光体育培养学生阳光心态

1. 阳光体育锻炼有利于走出情绪的低谷

大学生面对社会众多的吸引，如果没有良好的辨识度，就会受挫。在心理和生理趋于成熟的情况下，需要良好的科学的疏导途径，此时阳光体育便能更好的发挥作用。阳光体育丰富和深化了学校体育的内涵，是"快乐体育"和"趣味体育"，它不仅能使学生转移自己的忧虑和挫折情绪，使学生心境保持平静，还可以为学生郁积的消极情绪提供一个公开的、合理的发泄口，将学生的各种烦恼、焦虑、不安等消极情绪宣泄出去，从而使紧张情绪得到松弛。

2. 阳光体育有利于激发学生的集体感

阳光体育运动有集体性和参与率高的特点，它更多的是以气氛感染人，为学生投入竞争创造氛围。体育比赛反映了大学生乐于参与竞争的心理需求，是他们参加体育活动最喜闻乐见、容易接受的一种形式。体育比赛的效应在于以运动竞争为媒介，不仅能够提高学生参与体育的兴趣，丰富学生的课余生活，推动大众体育运动的广泛开展，而且必将在学生（包括参赛学生和观赛学生）中产生一种凝聚力和向心力，激发他们对所代表群体（班级和学校）的集体感，从而起到体育比赛部分学生直接参加，多数或全体学生间接参与，共同受教育，激发集体情感的作用。

3. 阳光体育多种体验有利于增强学生的成功感

阳光体育内容丰富，形式多样：可球类，可田径、可游戏、可选项、可专项、可开放。学生要在身体直接参与活动的过程中体会和掌握运动技术。在多种身体活动中，通过自己的努力，学生不断体验着成功的感受，有人力量好；有人善跳跃；有人睿智，球场指挥运筹帷幄；有人球性熟、运动场上叱咤风云……这都是对成功的体验，而且这种体验最直观、最及时、最频繁，因而对学生心理的刺激最深刻。学生智能的强点得到充分发挥，学生心态也将更自信，更阳光。

4. 阳光体育共同参与有利于增进人际间的情感交流

阳光体育运动的群体性和休闲性特征，决定每一个参与者都时常会与他人发生接触，有着各种关系，如分工、协作、竞争等，在相互交往中，可以发展人们彼此的情感，增进人际间的情感交流。学生长期生活在这种体育关系中，就会加深了解，密切来往，心灵不断受到情感的熏陶，相互之间产生一种深厚的友情。

5. 阳光体育有利于培育学生的快乐感

阳光体育运动和情绪之间存在双向影响关系。一方面，阳光体育运动会给学生带来良好的心理效能，另一方面，学生良好的心理效能会促进阳光体育运动的有效开展。阳光体育寓教育、健身、娱乐于一体，大学生在运动的过程中陶冶了情操，调节了身心，获得了精神享受，心理上产生了一种轻松愉快的感受。他们在参与体育运动中获得的这种情感体验，有利于阳光心理的培养和发展。

阳光体育运动比学校体育在外延上更宽泛一些的体育运动，它的教育性、学理性、学科性要求比学校体育更宽松得多，侧重于先让学生们动起来、练起来，把兴趣转移到体育中来。它的灵活性、休闲性、娱乐性等特征决定了它在调节人的情感，消除不良情绪，稳定心理平衡，减少疾病发生，从而消除学生紧张、恐惧、焦虑、忧伤、悲观、嫉妒、暴怒等消极情绪方面的积极影响是巨大的。让学生在阳光下运动，让心灵在阳光下陶冶。

二、阳光体育背景下高校"阳光校园"

任何体育运动都是在特定的自然环境和社会环境中进行的，体育运动离不开环境，没有环境便没有体育运动。创造和改善适宜的体育环境，将有助于运动员取得良好的运动成绩，同时也有助于促进体育锻炼者和娱乐者的身心健康与发展。针对全国青少年身体健康水平逐年下降的趋势，教育部、国家体育总局、共青团中央决定在全国范围内开展"亿万青少年阳光体育运动"，并且要求："提高认识、精心组织、统一时间、全面启动"，吸引广大青少年学生"走向操场、走进大自然、走到阳光下"。毫无疑问，

一个健全完善的高校体育环境对于确保阳光体育运动的顺利持久开展有着非常重要的影响，而反过来体育运动对高校校园体育环境也有促进作用，二者相互依存、相互影响。本文所要探讨的就是如何通过加深认识，进一步分析高校校园体育环境的影响因素，为确保阳光体育运动持续开展提供一定的参考依据。

1. 高校校园体育环境的概念与内涵

在讨论这个概念之前，首先必须明确与环境相关的概念。环境是指以人类生存和活动为中心的与其有密切关系的事物境况，包括未经变更的原本自然环境和人为变化与改造的社会环境两个主要方面。体育环境（也称体育运动环境）是指在自然环境和社会环境基础之上产生的，以人类体育运动为中心而创设的活动空间，以及与体育运动有相互关联性的事物境况。这一概念包含了体育环境系统的各要素，总体上包含着物质的环境因素和精神的环境因素。

高校校园体育环境指的是在高校范围内开展体育活动所需要的各种条件总和，以及它们之间的相互关系。其主体就是高校体育活动，其客体包括与高校体育活动物质和精神的环境因素，以及它们之间相互关系。

2. 高校校园体育环境的影响因素

（1）物质环境因素。

①体育教学设施。

体育设施是高校体育文化的核心组成部分，场地、器材设施是否科学、合理、完善，直接影响到学校体育目标的能否实现。体育教学设施包括校园内的各种针对体育教学的体育馆和体育场所，比如塑胶足球场、篮球馆、游泳池等，以及与之配套的周边设施，如塑胶足球场的看台，以及周围的绿化、安全保障措施，等等。雄伟壮观的体育建筑会给人一种稳定、坚实和刚毅之感，可给各类体育运动者和观赏者带来勃发向上、朝气蓬勃的精神促动。内部设计的层次分明、整洁有序、色彩鲜明，可给体育运动者和观赏者的内心带来愉悦、轻松、活泼和欢快的感觉。这些感受无疑会对体育运动者取得训练、竞赛成绩，以及锻炼者、娱乐者取得身心收益产生积极的作用和影响。体育场馆的设计、布置、建设除应考虑建筑物的安全和功能外，还要突出学校的校本特色，强化运动场馆的使用率和实用性。此外，与体育教学相应数量的教学器械，比如足球、篮球、排球、跨栏架、双杠、体操垫、羽毛球、旱冰鞋等也是保证教学任务能顺利完成的关键。

②课外体育锻炼设施。

阳光体育运动的目标是：使 85% 以上的学生能做到每天锻炼一小时，掌握至少 2 项日常锻炼的体育技能，养成良好的体育锻炼习惯，体质健康水平切实得到提高。很显然，仅仅依靠每周一两次课堂体育教学是无法满足阳光体育运动的要求的，这就要求学校与教师必须结合体育课堂教学开展丰富多彩的课外体育活动，并将其纳入到教学计划之中。例如结合本地实际，开展民族特色的课外体育活动，比如高脚马、荡秋千等。确保课外体育锻炼除了提高体育教学设施的使用效率之外，还可以积极灵活使用其他与体育锻炼相关的体育设施。高校校园环境可利用的锻炼主要设施有健身路径和校园自然环境。健身路径是今年来兴起的一类健身器械的总称，受众非常广泛，很适合各类身体素质的学生进行课外体育锻炼。另外，校园自然和人工环境，比如树木、草地、台阶、卵石路等以往被大家忽略，现在随着"酷跑"和"暴走"等新的体育锻炼方式的流行，这类体育锻炼设施逐渐受到重视。

（2）精神环境因素。

主要是指非正式教学因素，即由各种教育因素综合形成的一种无形的体育文化环境，包括学校、班级生活中所形成的体育氛围、体育传统与风气，领导者的体育风格、体育教育理念、体育教师的人格魅力、体育教育中的心理气氛、师生关系以及追求的目标价值取向，等等。良好的校园体育精神具有极强的渗透力，它弥漫在整个校园的各种环境因素与群体之中，形成一种浓烈的体育精神氛围，赋予学校和教师特有的个性魅力。它将直接影响到每个学生对学校体育教育的态度、情感和行为。阳光体育运动就是要求通过各种宣传手段，大力推进高校校园体育环境精神因素建设，从思想认识上着手，促使学生积极参与到活动中来，切实提高身体素质。

①校园体育传统与氛围。

校园体育传统和氛围都是在高校范围之内经过长期发展起来的稳定的具有一定的指向性的体育环境，是校园人文环境的重要组成部分。一个良好稳定的校园体育传统与氛围能够促使学生积极参与到体育运动中来，增强体育兴趣，养成良好的体育态度

和锻炼习惯，从而全面提高大学生身体素质，为学生以后的工作学习打下良好的基础。

②校园体育的人际关系。

体育教学和课外体育锻炼的过程是大学生进行人际关系交流的过程，这也是体育的功能之一。校园课外体育运动大多都是集体活动，对学生的沟通能力和团队协作能力都有一定要求。良好沟通能力、和谐的人际关系、愉悦的团队协作态度，对于体育运动的长期持续开展和校园文化的形成有促进作用。

③师生关系。

在体育教学中，学生个体间、班级间、群体间、师生间的关系，特别是师生关系的协调、融洽，将产生一股不可估量的内聚力，使学生在体育活动中得到心理上的满足和成功的喜悦，从而取得良好的教学效果。师生关系的主导是教师，教师要充分和学生交流，认真细致地听取学生反映的问题，设身处地为学生着想，以心换心。

④体育教师的人格魅力。

人格魅力指一个人在性格、气质、能力、道德品质等方面具有的吸引人的力量。体育教师的人格魅力对学生提高学习热情和养成长期坚持锻炼的习惯有着不可估量的作用。体育教师的人格魅力体现在：

第一，渊博的学识和健美的体形。

对待他人和集体真诚、热情、友善、富于同情心，乐于助人，关心和积极参加集体活动；对待自己严格要求，有进取精神，自励而不自大，自谦而不自卑；对待学习、工作和事业勤奋认真。

第二，善于控制和支配自己的情绪，保持乐观开朗、振奋豁达的心境，情绪稳定而平衡，与人相处时能给人带来欢乐的笑声，令人精神舒畅。要做到这些，体育教师就要不断加强自身的学习，在努力提高专业知识的同时提高情商水平。

第三，大学生作为一个特殊的群体，时时刻刻都感受着校园环境的熏陶和感染，良好的校园环境对学生的学习生活有着多方面的积极影响。阳光体育运动能否顺利开展，学生体质水平能否逐步提高，高校校园体育环境的好坏是一个重要的因素。在此笔者希望教育部门和高校学校领导切实加强高校校园体育环境建设，从物质环境和精神环境两方入手为阳光体育运动铺平道路，提高学生的健康水平。

三、阳光体育与高校体育网络环境构建

1. 阳光体育的推广判断

面对知识、信息社会化及竞技体育全球化的浪潮，将阳光体育定位为高校体育教学、竞赛、课外活动的主体，是各高校贯彻国家"健康第一"指导思想的具体实现形式。在教育部"每天锻炼一小时，健康生活五十年，幸福生活一辈子"的阳光体育行动倡议指导下，很多学校不仅仅从运动量和时间上建立了常态化教育机制，进一步彰显健与美、展示自我、体现个性等特点，而且还在追求品质上进行全方面提升，指导大学生掌握基本的运动技术和技能，把学生们从教室吸引到大自然中去，使他们养成一颗终身锻炼的心态。在视野的拓展上，高校不仅仅重视1000多项传统体育项目的个案实践，更多的高校让网络环境融入了大学生的阳光体育当中，在基本的健身形式中，要求沉淀足够的体育文化能量，各种活动的开展，都赋予了培养顽强拼搏、不畏困难的意识，将塑造大学生精神境界、人格品质乃至民族精神植根与阳光体育的每个环节当中。这一阳光体育活动的宽领域覆盖，极大地提高了大学生的身心健康水平，也弘扬了我国体育文化的内涵和价值的趋向，为全民族素质的可持续提高奠定了基础。

2. 体育环境视角下的高校体育网络环境构建的成因

体育环境是指自然条件和社会条件中与体育相关联、相影响的所有的总和。人是体育活动的主要组成部分，人必然要处于一定的可光环境之内。然而，体育环境的带宽不仅仅如此，体育环境问题的研究成果表明，"体育的开展，会受到自然环境和社会环境的影响。所谓自然环境影响，即包括地理、气候、设施和器材等的限制；所谓社会环境，即文化环境，包括高校的教育方式、教育理念、教育体系等"。而就环境对高校体育的影响来说，两种要素都具有同等重要意义。由于长期以来，人们过于注重自然环境影响，其研究视野的局限性，羁绊了高校体育事业的长足发展。近些年来，这种弊端越发凸显出来，因此，对于软环境的探讨成为弥补"欠账"的一个实现途径。特别是进入二十一世纪之后，互联网作为一种新的信息传播方式，使社会中的方方面面都连接起来，而且日益紧密，作为社会强身健体、娱乐、交往、育人等功能，体育是一个极为庞大的组成部分。在此背景下，阳光体育与高校体育网络环境的构建，就契合了当今中国高校学生体育改革的需求，既内化了大学生的

行为，提高自身的体育人文素质、体育精神和传统文化素养，也对于改善中国青少年体质状况起到了积极作用。

3. 阳光体育与高校体育网络环境构建的路径选项

（1）构建完备的高校体育网络环境。

随着多媒体教学模式在高校的快速深入，信息网络化在高校中也迅速红火起来，许多学生越来越喜欢在高校网络这个环境中获得自己的想要的有用信息，为此，高校要以阳光体育活动为契机。加大对校园网络的投资，尽快构建完备的高校体育网络环境。如利用这个网络平台向学生们发布相关的体育新闻，如体育明星竞赛、业余娱乐等。从某种程度上，利用体育明星的知名度，增强学生对各类体育活动的了解，也能提高他们对体育的兴趣。完备的网络体育环境，不仅给学校体育教育引领新的方向，也使得学生们的体育学习内容丰富多彩。

（2）构建良好的网络体育教学模式。

高校的阳光体育活动的主要对象是在校学生与在校的教师，然而体育是一个很广的范畴，虽然现在的高校对体育都比较重视，也都开设了相关的体育教学课程。但是，这些体育课程对学生而言，是远远不够的，为了顺应学校培养学生多方面体育才能的需要，利用网络平台进行教学不仅大量节省教学资源，也丰富了体育教学过程中的乐趣。利用高校体育网络环境，创建良好的网络体育教学模式，对学校的阳光体育活动是百利而无一害的。

（3）构建扎实的高校体育网络数据统计库。

高校的体育活动场所比较齐全，体育器械多种多样。可是，仍存在着不少供需矛盾亟待解决。如有的活动场所人很多，体育设备不够用，而有的地方人却很少，很多设备闲置没人使用。针对这一现象，高校可以利用其发达的网络，构建起高校体育网络数据库，进行合理的分配资源。通过对学生体育项目喜爱的数据统计，以及收集综合学生在体育锻炼中存在的某些问题和建议，及时改进软硬件设施，不断调配、变动和引导体育设备和体育场所的数量和人流，满足更多人对体育活动的需求。让校园网在构建良好的高校体育网络环境中发挥积极作用，进而不断提高高校阳光体育的活动效率。

（4）构建全方位的高校体育网络宣传推广机制。

互联网是一种传播信息极快的高科技信息工具，高校可以通过构建完备的高校体育网络环境，加大对"阳光体育"活动的宣传工作，号召更多的人来进行体育锻炼，组织更多学生参加各项体育活动，让更多的学生得到体育锻炼的机会，不断增强自己的身体素质，使"阳光体育"活动实施的更加有力。

大学生是祖国未来的栋梁，就教育部、国家体育总局以及共青团中央联合实施的"全国亿万学生阳光体育活动"而言，国家和教育主管部门对高校学生身体素质的赋予了积极期望。不断提高当代在校大学生的身体素质，是每个高校领导义不容辞的责任。因此，高校应该充分利用互联网技术，构建良好的"阳光体育"与高校体育网络环境，弥补社会环境、学校体育设施的不足，让"阳光体育"活动在高校中发挥最大的效益，将学生的素质提高到最大限度，以便于以后更好的投身于祖国或社会的建设中去，提高人口红利发挥最大的能量。

四、阳光体育背景下高校体育资源开发模式的研究

体育设施的建设是落实"健康第一"指导思想的物质基础。教育部于 2004 年 8 月颁布了《普通高等学校体育场馆设施、器材配备目录》，随着高校教学评估的进行，各级各类学校基本都按要求配备了相应的场地器材。在一定程度上满足了高校体育教学训练学生自我锻炼要求，但也面临着因为经费不足而导致的维护困难的实际问题。一方面大学生体育锻炼需求迅速增长和社区体育的蓬勃导致了体育设施不足，一方面经费压缩导致建设、维护经费的短缺。传统体制下单纯依靠国家财政拨款的建设模式已经不适应新形势下高校发展的需要。所以说在经济迅速发展的今天，如何在这个有利的背景下很好的开发和利用高校体育资源是关系到高校的体育建设能不能提高自己的自身造血能力以及能否为自身体育设施建设发展提供足够的经费等相关的方方面面，这些不但具有重要的理论意义而且对于和现实作用也很大。这些都是值得研究和探讨。

1. 高校体育产业现状及存在问题分析

（1）场馆资源分析 目前教育系统场地资源丰富，但利用率不高。根据 2017 年 5 月 31 日教育部官网统计，目前全国高等学校数量共计 2914 所，其中普通高等学校

2631 所，成人高等学校 283 所。其中西安市拥有 63 所，高等院校数量在全国城市中排名第六。第五次全国场地普查显示，现今很多的学校体育设施在社会整个体育设施体统中占了主要的一部分。举例来说，通过第六次体育场地普查，西安各类体育场地总数为 12185 个，人均体育场地面积 1.32 平方米，35 所高校体育场地总面积约 116 万平方米，生均场地面积约 3.3 平方米，高校体育场馆拥有 2271 个，占总资源的 18.64%。广州市共有体育场地 19650 个，用地面积 4123.19 万平方米，室内体育场地 2175 个，场地面积 163.97 万平方米。教育系统管理的体育场地 7166 个，占 36.47%；场地面积 1162.99 万平方米，占 37.75%。然而现在的学校都在对体育设施进行封闭式的管理，没有向广大的外来人员开放，设施的使用者只是限于学生和老师这个范围之内。与此同时，体育场馆的经营管理只是局限在一定的范围内，还没有做到充分的合理利用。高校体育场馆设施主要是用于教育教学工作中以及教职员工的运动训练等活动中，相比较而言用于比赛的训练场地的比例很低的。也就是说高校的体育措施还没有满足大众对体育场馆的需要。高校在这方面还做的不够，没有充分利用现有场地资源开拓筹措资金渠道。很大程度上使部分场地设备闲置。

（2）组织管理资源和人力资源分析。

体育活动的管理和参与是项系统工程，它包含着体育锻炼的指导和体育设施的管理。身体锻炼是一门科学，有它自身的规律，因此，必须给予正确的指导。教育系统基本都有比较完善的组织体育活动的办法、有完备的体质测试评价仪器。科学系统的指导锻炼的科学方法，这些都是高校体育组织管理资源的优势。人力资源对体育的发展具有积极的指导和现实作用，也是进行科学化健身的人力资源保证。教育系统中基本都配备了相应的体育专门人才，特别是高校具有大量的研究性人才，但目前仅仅满足于基本教学和训练需要。没有充分调动体育专业人员的积极性。没有更好的发挥他们的作用。研究对象调查发现。仅有 6.7% 的体育教师担任社会体育指导员工作，很多人疲于应付本单位各种考核考评，调查还发现半数的学校支持本校体育教师参加校外体育工作，整体上来说学校体育人力资源丰富，但不能充分利用。

（3）市场资源分析。

随着人民生活水平的逐步提高和健康意识的提高，人们对健康的渴望越来越强烈，越来越多的人加入到健身的行列，越来越多的人愿意投入一定的资金和时间来改善自己的生存环境和锻炼环境，但是由于国家资金投入不足和社区配套设施的不完善，很多群众无法实现自己的锻炼要求，于是出现一方面群众体育锻炼需求迅速增长和社区体育的蓬勃导致了体育设施不足，一方面体育爱好者想消费却苦于无法满足场地、专门人员服务。如何把两者协调解决是我们面临的首要问题。因为高校体育场馆由于独有的锻炼环境，特别是人文环境吸引了很多体育锻炼者的目光，因此如何开发利用现有场地器材，提高管理水平是目前急需解决的问题之一。

2. 高校体育产业开发基本思路

教育系统体育资源开发模式整体上要彻底实现社会化经营，针对整个经济结构长期在计划经济体制下的运作方式目前主要的措施就是积极的采用体育事业发展和经营比较好的地区或者是单位的先进经营理念。努力使得体育设施满足大众的需要，做好公益性和社会性服务工作，在此前提下还要积极探索不断地开发利用自己本身的优势资源获得更多的财富来源，由此来补充学校建设资金。与此同时不断地促进体育环境获得良好的发展。

第六章　高校阳光体育运动可持续发展战略

第一节　高校体育资源的可持续发展

一、基本概念

1. 高校体育资源的概念

卢文君在《高校体育资源配置简论》中认为高校体育资源可以分为广义和狭义之分。广义是指与高校体育活动密切关联的各种教学场地、仪器、设备、建筑物、图书资料、教工数量、专业、业务、能力以及各项管理活动等所有人、财、物的总和。狭义的高校体育资源仅指体育场馆、体育教学设施、设备、教育经费等。有形资源促进无形资源的发展，无形资源创造新的有形资源，这种辩证关系使高校体育得到更稳定更持久的发展。

其实资源应当具备两个基本条件：一是具有实用价值；二是现实的或潜在的生产要素。综上所述，把高校体育资源定义为是高校开展体育教育和体育活动所利用或可利用的各类条件与要素，主要包括人力资源、财力资源、体育场馆设施、余暇时间和体育信息等内容。

2. 可持续发展的内涵

《我们共同的未来》中对"可持续发展"定义为："既满足当代人的需求，又不对后代人满足其自身需求的能力构成危害的发展。"江泽民同志把可持续发展定义为"既要考虑当前发展的需要，又要考虑未来发展的需要，不要以牺牲后代人的利益为代价来满足当代人的利益"。简言之，可持续发展就是建立在社会、经济、人口、资源、环境相互协调和共同发展的基础上的一种发展,其宗旨是既能相对满足当代人的需求，又不能对后代人的发展构成危害。

二、影响高校体育资源可持续发展的因素

1. 经济环境与可持续发展

经济条件是各大高校进行体育资源开发利用的前提条件，高校体育资源的发展对经济有一定的依赖性。我国经济体制出于历史的原因长期处于计划控制的模式，在改革开放之时由原来的计划经济逐渐转变为市场经济体制，而体育也随之走向了市场化和产业化，然而我国体育事业的整体化水平落后，作为体育事业之一的高校体育资源的市场化与产业化的程度更是处于未开发的阶段。各地区经济发展水平的不同造成各高校的体育经费也不同，体育经费匮乏，来源单一，产业化市场化程度低等使得体育人力、物力等资源无法扩充从而影响高校体育资源的可持续发展。

2. 政治环境与可持续发展

政治属于上层建筑，制约着体育的发展，同样也制约着高校体育资源的发展，但体育与政治还是一种系统互助的关系,两者相互影响相互渗透。在相当长的一段时间内，我国采取高度的中央集权和计划经济，在此基础之上我国走上了以竞技体育为中心的发展道路，这在一定程度上忽视了高校体育的发展，从而高校体育资源也就受到了不公正的待遇。高校决策机构过分集中，致使体育资源无法自由流动，缺少长远的规划和地区之间的互动交流,带来了严重的浪费和不平衡的现象。随着我国政治体制的改革，正在建立可持续发展的相关法律与政策体系，高校体育资源作为体育可持续发展战略的一个重要部分将受到行政决策等控制能力的影响。

3. 文化环境与可持续发展

体育是一种特殊的文化形态，与社会文化相互影响，相互借鉴，社会文化可以通过体育传播，体育也可以通过社会文化得以扩展。我国的文化建设强调物质文明与精神文明两手抓，体育文化属于精神文明，但社会中存在的一些急功近利的想法忽视了体育资源的开发，不重视高校体育资源的发展，从而影响体育资源的可持续发展。

三、高校体育资源可持续发展的对策

1. 通过宏观政策促进高校体育资源可持续发展

国家能够依据国民经济发展计划对高校体育的要求，将有限的资源配置到重要的部门和高校，从宏观的社会整体利益出发协调高校体育与社会经济的发展。国家可以通过以下几个方面来调整高校体育资源不足、地区分布差异过大、经费不足等问题：

（1）宏观调控，促使高校体育资源分布趋于合理。国家利用宏观调控手段，协调各地区的资源分布。对经济欠发达地区实行政策优惠，鼓励人才到中西部地区去，缓解中西部人才紧缺的情况，建立科学的人力资源管理模式，提高体育教师的薪酬待遇，防止人才流失。经济发达地区在人力物力上给予扶持与帮助。

（2）促进高校体育的产业化和市场化。积极发展体育产业，开拓体育市场，为高校体育资源走向市场铺垫道路。培育和发展高校体育健身市场、高校场地设施租赁市场，实行体育培训服务有偿化，广告媒体宣传有偿化等，发展高校体育产业。

2. 通过与社会共享促进高校体育资源可持续发展

所谓学校体育资源社会共享，是指社会机构和个人以学习和锻炼为目的，对学校的体育设施设备、体育教育课程、体育教师的教育教学、教室和校舍场馆等在内的各种资源的合理利用。也就是说，学校将拥有的人力、物力、财力等资源向社会各界开放。

随着我国经济水平、综合国力和人民生活水平的日益提高，人们的体育价值观念、体育意识、体育需求都在增强，越来越多的人涌入体育健身的大潮，但这也使社会上的体育人才与体育场地设施不足的问题日益突出，而我国高校拥有众多的体育专业人才与体育场馆设施，无论是在人才、时间还是空间上，我国高校体育资源都有与社会共享的资本。

3. 通过高校自身的综合管理促进高校体育资源可持续发展

国家的宏观政策为高校体育资源的可持续发展创造了优越的外部环境，与社会共享方案的提出也为其找到了一条出路，然而要切实的走可持续发展之路关键还在于高校自身的优化管理。高校可以从思想观念的转变、人力资源、物力资源的管理优化入手以促进可持续发展。

（1）高校体育资源的经营管理。更新观念，解放思想，树立大市场大经营的观念，把高校体育物资资源推向市场化、产业化。采取多种经营形式，如合资合作、寻找赞助商、与新闻媒介合作等方式，招商引资，通过高校体育场馆向社会实行有偿开放与服务，积累资金，拓宽体育经费的来源渠道以增加经费扩展体育资源，形成良性循环，走可持续发展之路。

（2）高校体育人力资源的管理。重视高校体育资源人才的能力结构建设和开发，培养和引进高素质的体育管理者与专业人才。建立多层次多渠道，适应素质教育的多元化的高校体育人才管理模式和科学的体育人才培养模式。树立竞争观念，建立和完善教师资格制度，教师定期培训制度，表彰奖惩制度和素质测评培养。教师自身更要不断完善自己的专业素质，拓宽事业，加强自身的道德修养，加强师德建设是高校体育人才资源可持续发展的灵魂。

（3）高校体育物力资源的管理。高校应重视体育物资资源的基础建设，积极争取渠道筹措资金，加大高校体育物资资源的开发力度。建立体育资源的科学管理制度，优化高校体育物资资源的结构，完善基础建设的同时也要不断开发新兴项目的设施。完善并加强场馆设施的维护管理制度，对学校内部体育物资资源进行统一规划，实施科学管理。

当前，高校体育资源在可持续方面的研究日益兴起，引起越来越多人的关注，为了使高校体育资源走可持续发展之路，我们应当做到：高校体育资源市场化、产业化；高校体育资源与社会共享；高校体育资源管理科学化；高校体育资源集约化等。不断地开发利用资源，进一步推动高校体育资源的管理优化和可持续发展。

第二节　高校阳光体育的可持续发展

一、阳光体育与教育体育可持续发展模式的耦合

阳光体育并不是横空出世的，阳光体育的本质就是让学生走入阳光下参与体育活动，对于中小学生而言是学校体育、家庭体育、社区体育的一个综合体，对整日生活在大学校园里的大学生而言，阳光体育就是高校体育在现阶段的一个重要目标，是学校体育在当前的一种表现形式，从实体上讲阳光体育的各项工作都是依托学校体育为载体进行开展，重视学校体育、重视学生健康，从新中国成立以来我们党和国家就一波又一波出台了很多的措施和办法，现在又改头换面以这样的一个名词再次把体育提到了一个高度，这势必要让我们思考：之前也不是不重视，也不是没提出过措施，为什么不管用？为什么现在学生体质下滑的更加快速？为什么学生的体育活动时间反而越来越少？因为我们原来的提出的措施和办法并没有坚持的执行下来，也就是说我们的之前的施缺乏可持续发展性，所以再当我们提出要实行阳光体育运动的时候，如果想避免重复原来"雷声大雨点小"的状态，我们就一定要保证我们的措施有可持续发展性、让整个阳光体育运动的运作体系有充分的动力运行起来才会真正达到我们的初衷，让学生运动起来，让学生体质增强。

阳光体育开展的种种现状表明，现行的阳光体育运行系统并没有形成健康良性的路径，组织结构的封闭、组织形式与内容的单一、政策制度的问题、开展活动人财物资源的问题、学生本身的体育素养等一系列的问题的产生，让我们不得不来审视这样一个问题：该系统应该按照如何的方式发展才能达到我们预想的目标，才能真正地使学生走向操场、走向大自然、走入阳光下？

我们不禁怀揣着可持续发展的标准去搜索答案，而正如"运用自组织的原理与思路研究可持续发展系统问题，具有重要的理论意义和实用价值"所说的一样，在目前学术界复杂系统的可持续发展研究往往有两种方法，其一是按严格步骤，通过建立数学模型（系统运动方程和序参量方程），定量分析系统演化特点和演化轨迹，并预测其未来；其二是运用高度抽象的自组织理论与方法，定性分析复杂现象，进行理论解释，并给出相适宜的模式与对策。而对高校的阳光体育运行系统这样一个因素众多、关系复杂的系统而言，单纯按照前者的方法，从数据入手，通过建立起数学模型，计算出系统内各个子系统间的精确作用和系统整体的严格发展轨道并准确预测显然是不恰当的，而是应该从可持续发展的角度出发，探讨构建合理的系统运行模式，通过具体分析得出系统可持续发展的对策与策略。

二、高校阳光体育运动可持续发展机制的构建

阳光体育运动开展近十年来，全社会社会热爱体育、崇尚运动、健康向上的良好风气和珍视健康、重视体育的浓厚氛围尚未形成。因种种原因全社会重视体育锻炼、积极参与体育锻炼的良好氛围还未养成，这些对高校的大学生也产生了不良影响。

1. 建立符合现代人才观的评价机制

要实现高校阳光体育运动的长效和可持续性发展，建立符合现代人才观的评价机制至关重要。今后我国面临新的历史任务，是实现从人力资源大国向人力资源强国的转变。这一历史性转变要求我们必须首先转变教育观念，树立学校教育"健康第一"的思想，并使之真正融入到每个学生、每个家庭、每所学校的思想观念中，培养出一代代身心健康的青少年。其次，要把加强学校体育作为素质教育的战略突破口。由于加强学校体育对素质教育全局有推动作用，特别是有利于逐步转变全社会的人才观、教育观。因此，一定要将加强学校体育作为素质教育的战略突破口和切入点，进一步端正学校的办学思想，转变原有的学生评价体系和教育工作评价制度，树立科学的教育质量观，即以学生为本、促进学生全面发展的质量观，而不是唯分数、唯考试、唯升学率的质量观。

2. 传播新的体育理念，提高体育认识

健康体魄是青少年为祖国和人民服务的基本前提，是中华民族旺盛生命力的体现。学校教育必须负担起增强学生体质与健康的历史重任。而学校体育既是增强青少年体质健康水平的主要手段，又是贯彻落实"阳光体育运动"的主要途径。

因此，各级学校应坚持依法治教，规范办学行为，严格执行国家有关体育课时的规定，开足、上好体育课，不得以任何理由挤占体育课时，切实保证学生休息和锻炼时间；要充分利用网络、课堂、讲座和海报、标语等多种形式广泛宣传新的体育理念和健康理念，使"健康第一"、"素质教育"、"阳光体育运动"等口号家喻户晓，深入人心，形成鼓励广大学生积极参加体育锻炼的校园氛围，让阳光体育运动惠及全体学生。

3. 不断完善高校阳光体育运动组织保障和监督机制

"阳光体育运动"是一项长期、持久的工程，如果没有长期的、具体的计划和实施方案以及具体的负责人和实施者从组织上、体制上、人员上和财力上提供保障，是无法完成和持久的。因此，高校学校要成立以校长牵头的领导小组，成立专门的组织机构，明确工作任务，落实工作责任。要根据国家教育部阳光体育运动实施的总体要求，结合实际，实事求是地制定实施方案，组织学生开展各种形式的体育活动，并逐渐形成特色、形成制度，力争三年内学生体质有明显提高。同时，各级政府和教育部门要加强对学校体育工作的不定期检查监督，具体方式包括走访、调查了解、召开座谈会等。

4. 不断加强高校的体育设施建设

体育场馆、体育器材、体育用品等是体育活动和体育教学得以广泛、有效开展的物质基础条件。践行阳光体育运动，应该推动高校体育场地设施建设，在获得重视以后，将根据学校发展不断提高体育设施水平，这是阳光体育活动得以发展、扩大和持续的基础，并为高校体育教学改革和水平提升提供了硬件方面的保障。

5. 建立完善高校各类体育社团，营造良好的社会环境

高校是学校体育教育的最后阶段，也是终身体育的开始，建立各类体育社团组织，是学生独立自发进行自己喜爱、适合的体育活动的良好形式，它使整体性的阳光体育运动分化和细化，也为学生以后参与社会的体育组织起过渡和引导作用。高校可在共青团、学生会等组织的配合下，让学生自发地建立各类体育社团，进行体育交流，承担体育比赛的组织和裁判等，通过其组织学生开展各项阳光体育运动，使运动的组织常态化。

开展阳光体育运动离不开全社会的关心和关注。要积极推动公共体育设施与学校体育设施的统筹安排、综合利用，充分发挥各项体育资源作用，营造有利于青少年加强体育锻炼和健康成长的环境。针对青少年的特点和爱好，因地制宜、大胆创新，积极开发丰富多彩、新颖多样、有趣味的体育活动形式，推动形成学校、社区、家庭相结合的青少年体育网络。要充分发挥学校在传播科学知识、引领社会风气中的独特作用，积极配合新闻媒体做好宣传教育工作，推动全社会"珍视健康、重视体育，为加强学校体育创造更加良好的环境。

多年来，阳光体育运动在高校开展，无论是在转变思想观念、树立"健康第一"指导思想，还是在推动阳光体育运动蓬勃开展、全面实施素质教育，坚持以育人为本的科学发展观方面都取得了长足的进步，也得到了国内外舆论和专家学者的一致称赞。但要构建高校阳光体育运动的可持续发展机制，必须对影响高校阳光体育运动发展的内外部因素进行系统的分析，建立符合现代人才观的评价机制；传播新的体育理念，提高体育认识；不断完善高校"阳光体育运动"组织保障和监督机制；不断加强高校的体育设施建设；建立完善高校各类体育社团；营造良好的社会环境；从而保障高校阳光体育运动的可持续发展。

三、阳光体育运动持续发展的深远影响

1. 阳光体育运动对体育事业的影响

阳光体育是中国体育事业的基础环节。可以说，阳光体育运动是发展学校体育的有力动力，也是发展社会体育事业的有力保障。因为它可以为高水平运动队培养体育人才，又可以促使青少年把良好的锻炼习惯贯穿至终身，形成终身锻炼的良好习惯。学校体育其中的阳光体育运动是推动广大青少年热爱健身，形成良好的健身氛围，养成终身体育锻炼习惯和能力的重要方式，使得学校体育与社会体育事业形成良性的循环，它将会对体育事业产生积极的影响。

2. 阳光体育运动对学校自身的影响

阳光体育运动的实施会对学校自身发展带来深远影响。社会的发展其实就是人的发展，对学校自身来讲学生是其发展的主体，阳光体育运动的持续发展，学校将在其

中起到一定的促进作用,积极推进该项体育运动不仅能使广大青少年拥有健康的体魄,身心健康发展,也是学校素质教育成果的具体体现,对学校自身的发展而言将是一个良性的循环。

3. 阳光体育运动对社会的影响

阳光体育运动是在我国青少年体质下降的背景下应运而生,青少年体质关系到社会主义发展中的人才质量。阳光体育运动顺应教育时代发展的趋势,能够提高青少年健康体魄,促进人的全面发展,从这个意义上讲,阳光体育运动的开展与实施具有重要的社会价值。

4. 阳光体育运动对教育的影响

阳光体育运动倡导的是"健康第一"的终身体育锻炼的理念,是学校教育学科的重要提升和具体化。阳光体育运动的实施充分体现了以人为本、健康第一的教育指导观,并且能够拓宽学校体育教育的思路。以体育教育为基础,阳光体育运动锻炼为辅助,根据不同的对象实施运动锻炼处方,着重培养青少年的自我健身习惯的养成,使得青少年德智体全面发展,实现教育的最终目的。

阳光体育运动是一项系统且长期的工程,如何走好可持续发展之路要依靠个人、学校和社会的广泛关注和支持。青少年要在阳光体育运动下受益,增强体魄,促进身心健康发展,分享体育运动带来的成果;学校要以阳光体育运动的实施提高人才质量为契机,大力推进素质基础教育贯穿"健康第一"的理念,落实好以人为本;社会方方面面都要时刻关注青少年的成长,健全教育体制改革,促进青少年均衡可持续发展。

四、高校"阳光体育运动"可持续发展策略

1. 建立长效的学校体育工作机制

学校体育工作机制是多功能的有机体系,具体内容为:开齐并上好体育课,保证课外体育活动时间;凡没有体育课的当天,学校要组织学生参加一小时课外体育活动;课外体育活动时间应排进课表,形成制度,按时进行;要积极探索、不断丰富大课间体育活动的组织形式和活动内容,科学、合理地安排运动负荷;每年举行一次校运会和球赛等。

校长是保证学生每天一小时体育活动的第一责任人，广大教师要关心和支持这项工作，切实履行促进学生健康成长的责任。班主任负责监督班级落实国家规定的课程要求，防止体育活动时间被挤占挪用；体育教师上好每一节体育课，积极营造学校体育氛围。要形成校长牵头，主管副校长负责，体育教研组长落实，班主任协助，其他老师参与的从上到下领导体系，确保"阳光体育运动"可持续发展。

体育教师是学校体育工作的重要实施者和核心要素，因此，加强体育教师工作考核，激励教师专业成长，鼓励教师开展教科研，促进教师队伍向科研型转化，加强教师培训，不断更新知识，增强实践能力就显得尤为重要。学校要根据体育课时，确定教师的编制数额，保证教师的合理配备。保障体育教师的合法权益，落实室外工作的劳保待遇。提高教育质量和办学效益，建立起一支不仅有崇高职业道德和奉献精神，而且有过硬的教学本领和现代教学思想的体育教师队伍，为落实"阳光体育运动"可持续发展创造重要的条件。

2. 建立长效的组织管理机制

建立长效的组织管理机制，必然要养成学生终身体育锻炼的习惯。终身体育是依据人体发展变化的规律、身体锻炼的作用，以及现代社会的发展不断对人提出的要求，伴随着终身教育的发展而发展起来的。由于现代社会生活方式的改善，生活质量的提高，人们的思想观念在改变，健康长寿成为人们追求的目标，身体锻炼应成为人们日常生活的组成部分。终身体育的指导思想，是指以培养学生终身参与体育活动的能力和习惯为主导的思想。终身体育思想把学生身心健康作为根本目的，这是因为体育将成为提高生活质量的要素，走进人们的生活。

学校体育要把握好健康与体育的本质联系，通过学校体育培养学生终身健康与终身体育的意识、能力和行为。终身体育思想是把学校体育视角从关注学生当前扩展到关注学生未来，甚至终生。这种思想对学校体育整体改革起到重大推动作用。因此，针对课外活动的多样性、分散性、选择性、差异性、独立性、多变性的特点，提出促进"阳光体育运动"列入课外活动的可操作性的、科学的组织管理机制。这与终身体育所重视的培养学生体育兴趣、意识、习惯和能力是同出一辙。为实施健康教育和全面推进阳光体育运动，应采用一种更灵活、更多样化的方式开展体育教学活动。阳光

体育运动可以突破学校体育课程的限制，不受班级、课时及教学内容的限制。学生可以自由选项，学习空间大，弹性强，为学生自学、自练和自我创造，参与竞赛，体现自我价值，培养竞争意识创造良好的氛围，最终使学生养成终身体育的意识和习惯，提高学生的综合素质。

3. 建立长效的学生自觉参与机制

苏霍姆林斯基说过："只有能够激发学生自我学习的教育，才是真正的教育。"根据学生特点，利用丰富的运动载体开展形式多样、新颖有趣的具有大众化、民族化、地域化的体育锻炼活动，调动学生学习体育的积极性，从学生学习心理以及体育特点出发吸引学生加入到"阳光体育运动"中来，这就要求学校考虑自身条件、学生兴趣、传统项目，突出以娱乐、健身功能为重心的体育课程内容，积极开展户外体育运动项目，如自行车、轮滑、舞龙、跳绳、毽子、秧歌等。这些体育娱乐项目将给学生们广阔的选择空间，这些项目有的是智力与体力的考验、有的是消遣性的娱乐、有的是生活技能的学习等等。通过娱乐性的体育活动，同学们在宽松、自由、主动的学习环境中健身、提高、发展，并享受运动过程的乐趣；同时又增加了人际交流和沟通协作，促使学生热爱生活、缓解学习压力，增进自身健康，把单调的课堂变成了生动活泼的乐园，提高了体育学习的质量。

建立学生自觉参与机制，就要建立起以学生为主体的思想，不仅在教学过程中，而且要在制定教学目标和选择教学内容时考虑学生的主体要求，做到教学目标的制定，体育教学内容的选择，教学方法的运用，教学课堂结构的安排等都必须尊重学生自身的内在需要。同时，不能忽视学生自主发展的需要，真正体现学生的主体性地位。在体育教学中实现从"让我学""让我练"转变成"我要学""我要练"的体育教学新思路，提高学生的自觉参与意识，进而树立其乐观向上的生活态度，促进其身心全面、健康的成长。

4. 建立长效的保障机制

首先，要充分开发和合理利用体育场地设施资源，加大投入。改善体育运动场地建设，添置必需的体育设施和器材，最大限度挖掘场地器材的布局、使用空间，把场地器材改造成适合青少年心理、生理特点的"快乐体育园地"。

其次，要有激励措施，学生每学期的群体竞赛、校运会等竞技专项比赛，学校都进行评比，对表现突出的班集体和运动员给予嘉奖；体育教师刻苦训练在校级以上比赛中取得佳绩，要列入教师考核，给予奖励。

最后，教育主管部门要将落实学生每天一小时体育活动工作，纳入对学校的综合督导内容，增加体育工作和学生体质健康状况在各项督导、评估体系中的权重，全方位地保证"阳光体育运动"可持续发展。

总之，构建"阳光体育运动"可持续发展是一个完整的、有机统一的大系统，我们要坚持"以人为本"和"健康第一"的指导思想，要有积极的态度，要以增强学生体质为目标，培养学生自觉参与体育锻炼意识，养成终身体育锻炼的习惯，使"阳光体育运动"发挥出更大的整体功能，从而推进"阳光体育运动"可持续发展。

五、影响普通高校阳光体育运动可持续发展的主要因素

1. 学校和家庭重视因素

从对高校辅导员（班主任）和家长对身体素质和身体锻炼的重视程度的调查来看，由于迫于目前大学生就业形势的压力，辅导员（班主任）在注重班级管理和对学生能力的培养上狠下功夫，而忽视了对学生身体素质的同步提高，在不太重视和不重视的程度比重分别达到了54.65%和17.79%，整体比较重视的不足30%；家长对于子女的身体条件状况还是比较关注的，所以对身体素质和身体锻炼的重视程度要好于辅导员（班主任），但重视的程度仍显不足。

2. 师资力量、体育基础设施、体育经费投入等因素

很多高校由于扩招后，体育健身场所与器材的增加没有跟上学生数量的增加，开设的选项课程仅局限于球类、田径、武术、健美操等基础课程，加上每次课都有几百人共同上课，导致部分学生无法参加自己最喜爱的运动项目，练习的强度和密度都很小，从而放弃了体育锻炼，严重挫伤了大学生参与阳光体育运动的积极性。

3. 体育课程结构体系因素

体育教育的目的是要使学生身心得到全面发展，必须开设田径、体操等发展全面素质的基础课程，而在调查中我们发现这些项目并不受学生欢迎。原因是田径项目过

于枯燥和乏味，不能激发学生学习兴趣；体操项目对身体要求的特殊性有时会出现危险动作，使学生不敢轻易参与。值得注意的是，由于各所高校师资、场地器材的限制，许多学生喜爱的项目都无法全面开设，产生了学生不断增长的需求与学校现实安排的不协调之间的矛盾，不能充分体现"以人为本""因材施教"和"科学发展"的教育原则。这就要求各高校在安排体育课程结构体系上开设层次分明、形式多样、机动灵活的课程结构体系，以满足学生不断增长的需求。

第三节 可持续发展模式的构建

一、建立模型的隐形假设

普通高校阳光体育运动的教学模式是一个系统。学生的认知和参与、体育课教学、学校的制度管理、学校的硬件设施、学校的文化氛围、体育社团活动等都是这个系统的一部分，它们相互依存、相互影响，当其中的一部分受到影响，就会波及整个高校阳光体育运动系统，基于此形成以下隐形假设。

（1）该系统是一个开放的系统，受整个社会价值观、社会资源、国家政策的影响，也受政治因素和历史因素的影响。

（2）该系统是目标导向的。事实上，系统的目标往往是多重的，在该系统中笔者认为，大学生参与锻炼和养成自觉参与体育锻炼的意识是众多目标中的两个。该系统的核心目标应该是大学生的健康。

（3）该系统是结构化的。它需要不同的组成部分来履行不同的职能并分配资源。例如，系统有分工如教学、管理专业化等和科层制专门分管阳光体育的校长、体育教师、辅导顾问和管理人员等。

（4）该系统是规范化的，有利于开展学生阳光体育运动的一系列的制度规定，有一定的奖惩措施，确实能够激励学生个体或者各级团体参与到阳光体育运动中。

（5）高校系统拥有独特的校园文化，即一套影响行为的、共享的主导价值（比如每所高校各自不同的校风、学风、校园体育文化等）。

（6）系统在概念上是相对的，系统的结构具有普遍性，适用于各种规模的社会组织，因此，可以认为一个学校或者一个校区是一个系统，甚至一堂体育课教学都可看作一个系统。因此在高校阳光体育运作系统中存在着各种分系统。

所有的正式组织都是一个系统，但并不是所有的系统都是正式组织。例如，一个班级是一个正式组织，是一个系统；而经常在一起打篮球的同学就是非正式组织，但

也可以看作是一个系统。正式组织是指为了有效地实现组织目标，而明确规定组织成员之间职责和相互关系的一种结构，其组织制度和规范对成员具有正式的约束力。非正式组织是指自发的、无意识的，行动无规律，仅以感情、习惯、喜爱、相互依赖来满足个人不同的心理需要的群体）。

二、建立模型的思考

研究中所描述的系统的模型、理论和结构是简化了的系统而并非现实本身，真实的系统要比这些描述复杂得多，我们的概念强调了组织的部分特征，而忽略其他，因此模型会曲解现实，但是，如果不借助于理论的指导，我们对许多领域都无法了解，就如同旅行者没有了地图的指引。

根据韦恩.K.霍伊与塞西尔.G·米斯克尔在《教育管理学》中所构建的教育整合模式的启示，阳光体育的开展也同样符合该模式的理念与解释。如下图所示，学校系统从环境中获取诸如劳动、教师、学生、经费等资源，通过对这些资源进行有效教育的转化，从而产出了有文化素养的学生和毕业生。

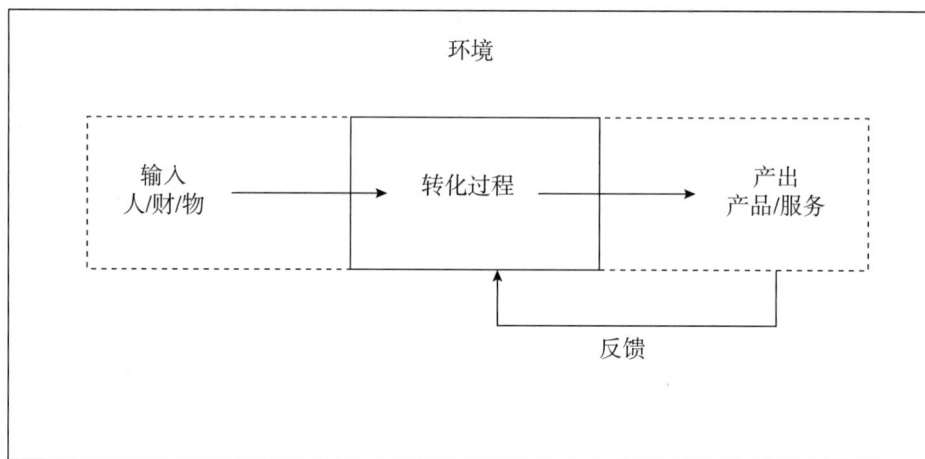

具有反馈环的开放系统

同样的，在阳光体育运行系统中其从环境中获取诸如体育教师的劳动、活动开展的经费、体育场馆、器材的损耗等资源，而通过教师的体育课教学或者体育课外活动的转化，则产出拥有健康体魄、体育与健康知识素养、一定运动技巧与能力的大学生与大学毕业生。

三、普通高校阳光体育可持续发展系统模型的构建

根据普通高校开展阳光体育系统的各个影响要素及各个要素之间的关系构建普通高校阳光学校可持续发展的系统模型，详见下图。

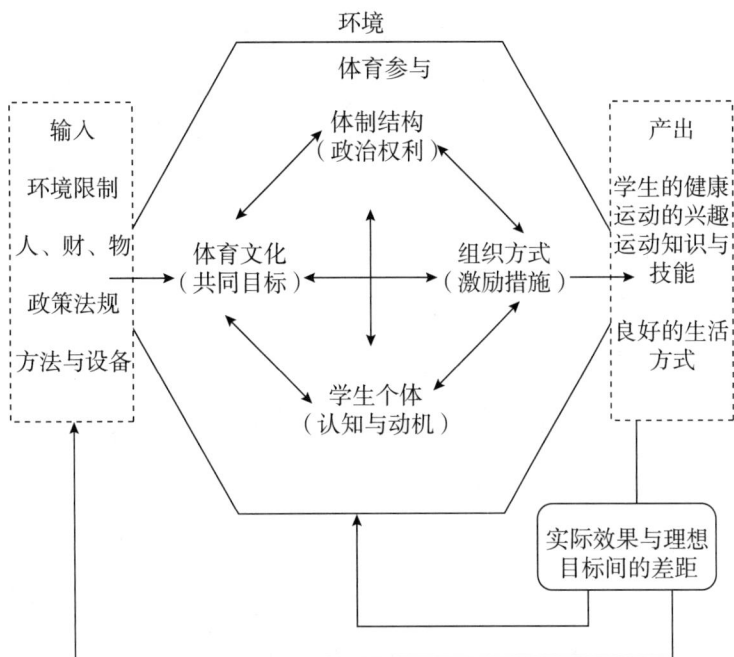

普通高校阳光体育可持续发展系统模型

上图勾画除了阳光体育发展系统的主要组成部分或子系统。正式结构中的行为除了受结构要素和个体要素的影响外，还要受到文化要素和方式方法的影响。学生根据自身的认知与动机去分别调整与文化、组织、结构的关系，而文化则是系统参与者的共同取向，它赋予系统内个体特殊的认同感和归属感，在这里则被认为是完成阳光体育的良好目标。组织方式是为了达成共同目标而开展体育活动所采取的适宜的方式与方法，从而满足个体的需求和结构的期望。此外，系统中的所有这些要素都要受到来自环境与转化（也就是教育或者体育参与）的种种重要力量的制约。因此整个系统是开放的，具有反馈性的，如果想保持并发展下去就必须解决各关键要素间的和谐性的问题，如下表。

关键要素间的和谐性

和谐关系	关键问题
个体—体制	学生个体的运动需要在能否促进体制结构的合理化？
个体—文化	校园体育文化的共同目标与学生个体的运动参与目标是否一致
个体—组织	运动开展方式能否满是个体的需要？
结构—文化	什么样的体制结构才能更好地强化文化的共同目标？
结构—组织	激励措施能否促进体制结构的合理化？
组织—文化	激励措施与组织方式是否冲突？是促进该文化还是破坏文化？

环境：该环境指的是外部环境，但是与物理系统不同，该复杂系统是开放的，因此系统的边界更加模糊，环境的影响更加深入。毋庸置疑的是环境对学校系统来讲，其功能是非常巨大的，它首先是系统的能量源，为系统提供资源、理念、技术、方法、要求等，这些都为系统内部的互动提供了约束和机会。

哪些环境能够影响阳光体育系统的内部行为呢？答案有宏观的，也有具体的，比如体育经费、场馆建设、国家政策和法律、气候变化等等。尽管人们对环境的重要性达成了共识，但其复杂性使得对它的分析变得十分困难，虽然这样，我们仍要考察哪些要素能够单独发挥的作用或与其他要素共同发挥的作用，从而明确对系统的约束和机会趋向的有利环境。

体育参与是整个系统运转的中心，系统内部所有要素的相互作用都离不开体育参与，不论是体育教师的体育教学过程，还是课余训练的指导过程，都是把知识和技能构建成学生个体内部系统的过程。

拥有反馈则意味着能够不断地调整和适应，进而不断地发展进步，阳光体育的发展应当本着这样的模式来执行的。

第七章　高校构建阳光体育运动长效机制

第一节　阳光体育运动长效机制理论分析

一、阳光体育运动长效机制

"长效机制"即能长期保证制度正常运行，并发挥预期功能的制度体系。按照前文中对"机制"内涵的理解，将"长效机制"的内涵概括为：能够维持制度体系长期运行的过程和方式。而阳光体育运动长效机制则概括为：能够维持阳光体育运动长期运行的过程、原理和方式。

1. 阳光体育运动、长效机制的作用

通过"阳光体育运动"的开展，我国学生的体质和健康水平有了显著改善，基本遏制住了急速下滑的趋势，可以说"阳光体育运动"对于改善学生体质健康水平，乃至提高全民体质健康水平至关重要。但随着时间推移，部分地区的"阳光体育运动"已经出现"形式主义"苗头和"虎头蛇尾"现象。所以，"阳光体育运动"开展不能仅仅作为一种"运动"而存在，应该有长效机制作为保障，只有使"阳光体育运动"充分发挥作用，保证战略措施实施的长期稳定，才能确保我国学生体质健康，才能让"阳光体育运动"科学有序"阳光"下去。

2. 阳光体育运动长效机制的构成

机制的具体实施需要一定条件，具体来说，长效机制具有 3 个必备的基本条件：一是要有比较规范、稳定且配套的制度体系；二是要有适合配套制度体系运行的良好制度环境；三是要具备推动整个组织和个体进行长期运行的"动力体系"，主要包括激励机制和监督机制。其中配套的制度运行体系是整个机制的核心，适合配套制度体系运行的良好制度环境是机制运行的基本保证，而机制的"动力体系"则是整个机制保持长效运行的源泉。

3. 构建阳光体育运动长效机制的意义

阳光体育运动从体质健康和健康理念两个层面对大学生进行培养，使大学生从大学到社会能够具有健康的身体来适应未来的学习与工作压力。当前，一些大学生由于不规律的生活习惯，造成了身体素质的恶化。阳光体育运动改变大学生的生活方式，也影响了高校的体育教育。阳光体育运动长效机制才能保障高校大学生的日常体育锻炼的持续长期开展。阳光体育运动使大学校园的体育锻炼氛围更加浓厚，培养大学生体育健康意识，让大学生在体育运动中感受存在的意义和生命的价值，体验和弘扬体育精神都具有积极作用。

二、构建阳光体育运动长效机制制度环境

按照制度经济学的理解，制度环境是制度安排存在的基础。再完美的制度设计，如果脱离了存在的环境，都是无法执行的，特别是在制度创新和制度移植的过程中，要注意制度环境的改善和推动。适合我国"阳光体育运动"长效机制存在的制度环境包括：

1. 政府及教育行政部门

政府及教育行政部门作为制度构建的推动者，在制度环境的构建中具有重要意义。一是要加大对中小学生体育工作管理和宣传，把中小学生的体育和增强中小学生体质健康工作作为重点，在制定相关政策及工作计划和内容时，予以充分考虑；二是要加大监督检查力度，完善相关法规；三要建立和完善中小学生学校体育工作的法规制度，特别是学校体育工作的监督和检查制度以及检查结果的奖罚制度，同时要在监督检查

中加大学生体质健康工作的评估权重；四要按一定比例将初中升学考试中体育成绩加入学生中考成绩的总分里；五是要制定并实施地方性体育课程计划和内容；六要借鉴发达国家先进经验，如美国对于体育精神的理解、日本体育理念的形成和推广、德国体育体系的构建等。各级教育部门应在国家体育课程标准的基础上统一制定详尽具体的地方性体育课程计划和内容，并指导基础单位（学校）及其他相关部门执行，使他们有章可循，正确把握。还应积极进行理论研究，详细探讨适合本地区学校体育课程设置的区域方案。

2. 学校

对学校而言，要努力实现 4 个转变：一是在观念上，完成从竞技体育向终身体育的转变；二是在教学方法上，完成从被动体育向快乐体育的转变；三是在教学目标上，完成从单纯培养学生健康体魄向学生全面发展的目标转变；四是在评价上，完成从单一目标评价向多元目标评价的转变。具体应从以下 8 个方面入手：

第一，学校要用"以人为本，健康第一"的指导思想作为实施教育的准则，减轻学生课业负担，鼓励学生课余时间积极参加体育锻炼，进行卫生保健、营养膳食和疾病预防等健康教育。

第二，学校要开足体育课，特别是不能挤占大一、大二体育课课时。同时要保证学生在课堂上的运动强度不走形式、不走过场，让学生能真正获得运动体验后的快乐。

第三，学校要重视学生的课外体育活动，应将课外体育活动作为教学工作的组成部分，列入教学计划中，并尽可能让课外体育活动形式多样、内容丰富。

第四，学校应定期组织体育教师的业务技能培训，有条件的学校还应选派体育教师到先进的单位考察和学习，取长补短，完善自我。

第五，学校应依据自身的条件，尽量加大对学校体育场地设施的投入，以满足学生参加体育活动的需求。

第六，学校要建立学生体质健康情况的反馈系统，形成"学生个人健康计划"，详尽地反映每个学生在身体形态、生理机能、运动素质方面的水平。要根据专家分析对每个学生制定"运动处方"和"营养处方"，并指导实施。同时，要使学生本人及家长乃至全社会了解学生当前的体质健康状况，从而促使家长、学校及社会共同关注

并采取措施，解决当前学生的体质健康问题。

第七，高校体育学科应在招收研究生计划中增设"阳光体育运动"专业，高校公体教研室应设"阳光体育"工作室，从而进一步加大高校"阳光体育运动"的研究和指导力度，同时，要按照"阳光体育运动"的要求，加大高校体育院系教学内容和教法的改革力度，以使毕业的学生能够胜任"阳光体育运动"教学和推动工作。

第八，学校要加强学生体育安全教育，强化体育安全措施。

3. 社会

对于社会而言，"阳光体育运动"要走进社区，"阳光体育运动"要从娃娃抓起，只有这样才能形成浓厚的体育氛围，为"阳光体育运动"奠定良好的基础。一是要全面实施"全民健身计划"，把健身运动作为大众的自觉行为，从而带动更多大中小学生广泛开展体育活动；二是要加强社区体育设施配套建设，使学生在社区也有锻炼的条件；三是社会公共体育设施的投入，使学生在社会上有免费从事体育活动的场所，如游泳馆、健身馆、健身园地、健身广场等；四是加大全社会的健身宣传力度，强化健身意识，创造良好的健身和体育锻炼氛围。

4. 家庭

家长是学生"第一老师"，对学生各个方面都有重要影响，为了让学生形成良好健身理念，家长需要不断完善自我。首先，家长应提高思想认识，改变"唯智论"的教育观念，意识到只有德智体美劳全面培养，学生才能得到综合发展，在学习之余参加体育活动既锻炼身体，也能解除学习和生活压力；其次，家长应树立生理、心理、社会三维健康观，不能只注重孩子文化素质培养，应重视孩子体育锻炼及心理素质的培养；第三，家长应学习有关饮食营养知识，调整饮食结构，合理膳食，使孩子养成良好的饮食习惯，避免挑食、偏食和暴饮暴食。

三、阳光体育运动长效机制建构的要点

1. 必须实施国家一系列关于青少年体的体质健康标准

国家从未间断关注青少年心理和生理健康全面发展，国家教委、体委一直鼓励和提出学生参加各项体育锻炼，增强学生体质，让广大青少年养成体育锻炼的好习惯，

使阳光体育运动方针得到落实。

2. 要增强体育锻炼的思想

首先，需要对学生开设体育锻炼思想教育相关课程，使青少年学生真正认识到增强体育锻炼的重要性，要想培养其体育锻炼的好习惯，有体育锻炼意识是基础，它决定着青少年是否能坚持长期体育锻炼。学校以往推进教育运动技能的模式，考核教师的体育教学任务，不注重体育教育与社会的联系，轻视体育在社会中所起的作用，体育教学时，过多地考虑学生的竞技达标情况，这些都与开展丰富的体育运动不相匹配。阳光教育运动以人的健康和全面发展为根本出发点，具有更多的人性化，符合现代社会人类自身的发展需要，提倡现代人文精神，使青少年学生喜欢上体育运动，发挥他们的主观能动性，由被动锻炼变为主动锻炼，并掌握科学的锻炼的法，展现自我锻炼的能力，明白体育锻炼的益处，同时，学校和社会注意提供良好的教学环境和活动场所，不断丰富体育活动内容，促进青少年学生积极地参加体育锻炼，感受体育的快乐，从而爱上体育，让阳光体育运动成为终身生活的一部分。

3. 需贯彻现代化体育教育的理念

随着改革现代教育工作的开展，体育教育也需要不断改进，教育对社会的发展起着重要作用。好的教育孕育着美好的未来，教育需要随着社会发展的需要不断改进，体育教育作为教育的一部分不容忽视，由竞技教育到多元化的阳光教育，使体育教育不断适应社会的实际发展需要。学校体育要全面推进学生的素质教育，提升青少年学生的身体健康水平，阳光体育运动让学校有了明确的目标,并且加大了体育教育的意义，学校体育教育以学生发展为根本出发点，终身学生个性发展，不断开拓新视野、树立新的理念和思路，提倡学生可持续发展，指导学校体育教育的改革工作，要想不断深化学校的体育教育，建构阳光体育运动的长期有效的机制是基础。

4. 要加大体育教育的师资队伍

教师自身素质的高低对青少年学生素质的培养起着关键性作用，教师的素质直接影响到学生的行为和身心成长，体育教师需要具有人格魅力，高尚的人格魅力有助于师生间建立和谐的关系。同时，体育教学涉及知识面更为宽广，体育学科的内容非常丰富，学校需要注意提高师资队伍的培养，提高教师队伍的相关培训质量，重视体育

教育工作，调动体育教师工作的积极性，不断提高体育教师的地位，同时提高体育教师的待遇，来加强其工作动力。

5. 要不断加大财政投入力度

经费投入是阳光体育运动开展的重要保障，有关部门需增加用于该项事业的财力、物力，改善目前物质条件。根据不同地区的经济发展速度及人们对阳光体育运动人制定不相同的财政投入标准，扩建体育锻炼所用场地，购买设施汽车，增加体育教师的数量，改善一些学校的环境，大力改善体育运动器械等。

第二节　高校阳光体育运动长效机制构建及实施

> 身强才能体健，体健促进博思。纵观人类发展史，每一个时代，每一个民族都追求强壮的身材，健美的体魄。老百姓教育孩子时常说的话也是："身体是革命的本钱，有好身体一切都是空谈。"以史为鉴，开展体育运动的长效机制势在必行。

一、高校阳光体育运动长效机制构建的背景

改革开放以来，我国综合国力逐年增强，人民的生活水平日益提高，物质和文化生活也日渐丰富多彩，人均寿命越来越长，可是许多调查显示却表明我国青少年学生的身体健康状况却出现了持续下降的趋势，按理说，人们吃的越来越好了，身体也应该越来越健康，可是与此相反，疾病开始侵袭人们的身体，许多疾病呈年轻化趋势，这一现象在高校尤为严重，许多青年学子看似人高马大，其实却虚弱不堪，时常有请病假的学生出现，还有学生不能承受军训及体育课的运动强度，一系列的问题的出现，促使高校积极构建阳光体育运动的长效机制，希望通过唤醒学生对体育运动的热情，全面提升青年学子的身体素质，为中华民族培养出身强体健的优秀人才。回顾百年中国近代史，是一部屈辱史，一部奋斗史，也是一部觉醒史。我们饱受屈辱的一部分原因就是因为国民身体素质的羸弱，列强敢向我中华民族提出挑战，不仅是因为我们国力弱小，还因为我国民身体不够强健。五四运动以来，广大有识之士不仅广泛吸收西方的先进思想，同时，我国各地院校也开始出现专业从事体育教育的人才，致力于国民身体素质的提高；屈指算来，新中国建立已经接近七十个年头，国家自始至终关心广大青少年特别是高校学生的身体健康问题，并且有针对性出台了一系列的政策，进行了多方位的补给，近年来，更是大力采取措施，督促各个院校构建体育运动长效机制，

希望每一个学生都能享受到体育教育的权利，感受到体育运动的乐趣，树立起终身锻炼的意识，养成良好的体育锻炼习惯。

二、高校阳光体育运动长效机制构建的依据

1. 构建阳光体育运动长效机制是高校落实国家教育方针的理论需要

国家的教育方针更是每一个学校的指路明灯。近年来，我国出台了大量的关于体育运动方面的法律和法规，例如《中华人民共和国体育法》《学校体育工作条例》等，对不同地域、不同学段的学生适宜开展哪些体育运动进行了明确的规定，并且定期对其进行督促检查，推动各级各类学校全面落实开展阳光体育运动，为全民身体素质的提高，为广大青少年学生的体育运动正常进行，国家及教育部门做出大量的工作，更以其高瞻远瞩的目光为高校阳光体育运动长效机制的构建提供了丰富的理论指导。

2. 阳光体育运动长效机制的构建是高校完善学生自身的体育发展的需要

我国古代的私塾教育比较单一，往往只重视知识的传授，而忽视了学生的身、心教育。随着国门打开，西方先进的教育思想涌入我国的教育机构，除了自然科学逐渐被各级各类学校重视，体育教育也终于以独立的姿势登上了教育的舞台。近年来，广大高校在国家的号召下，把"身体强健"树立为学校的教学目标之一，放下了唯分数论、唯智力论的错误论调，把学生的身体健康放在教育的首要位置，希望通过强化体育建设，切实增强广大学生的体质，促动全民身体素质的提高。

三、高校阳光体育运动长效机制落实

1. 传播新的体育理念，提高体育认识

健康体魄是青少年为祖国和人民服务的基本前提，是中华民族旺盛生命力的体现。学校教育必须负担起增强学生体质与健康的历史重任。而学校体育既是增强青少年体质健康水平的主要手段，又是贯彻落实"阳光体育运动"的主要途径。因此，各级学校应坚持依法治教，规范办学行为，严格执行国家有关体育课时的规定，开足、上好体育课，不得以任何理由挤占体育课时，切实保证学生休息和锻炼时间；要充分利用网络、课堂、讲座和海报、标语等多种形式广泛宣传新的体育理念和健康理念，使"健

康第一"、"素质教育"、"阳光体育运动"等口号家喻户晓，深入人心，形成鼓励广大学生积极参加体育锻炼的校园氛围，让阳光体育运动惠及全体学生。

2. 深化体育课程改革，顺应阳光体育运动的开展

单调而枯燥的传统教学训练虽然暂时起到增强学生体质的效果，但很难形成体育意识。因此，体育新课程应随着"阳光体育运动"的实施注入新的教学内容、教学模式和评价体系。要根据不同区域、不同条件，因地制宜，创造性地开设丰富多彩的教学内容来满足不同学生需求。在内容选择上做到选项（学生自由选择）和兼项（教师根据学生身体素质情况指定）的合理搭配，自由和控制的协调配合，既兼顾学生兴趣，又能达到有效提高学生体质的目的；在教学模式上要根据大中小学生在生理、心理、思想、情感和运动能力等方面的不同差异，采用不同的方法和组织形式，指导学生开展有计划、有目的、有规律的体育锻炼；积极构建课内外一体化俱乐部教学模式，充分体现教师为主导，学生为主体的原则，加强课堂教学的生动性和互动性，课外活动的自主性和自治性；同时结合《学生体质健康标准》，形成"人人参与，达标争优"的良好氛围，对达到合格等级的学生颁发"阳光体育证章"，优秀等级的颁发"阳光体育奖章"，使之在阳光体育运动中真正体会到成功与快乐，增强学生参加体育锻炼的荣誉感和自觉性，最终形成终身体育意识，促进"阳光体育运动"的可持续发展。

3. 完善阳光体育运动组织保障和监督机制

"阳光体育运动"是一项长期、持久的工程，如果没有长期的、具体的计划和实施方案以及具体的负责人和实施者从组织上、体制上、人员上和财力上提供保障，是无法完成和持久的。因此，各学校要成立以校长牵头的领导小组，成立专门的组织机构，明确工作任务，落实工作责任。要根据国家教育部阳光体育运动实施的总体要求，结合实际，实事求是地制定实施方案，组织学生开展各种形式的体育活动，并逐渐形成特色、形成制度，力争三年内学生体质有明显提高。同时，各级政府和教育部门要加强对学校体育工作的不定期检查监督，具体方式包括走访、调查了解、召开座谈会等。对各校组织开展阳光体育运动的集体活动次数、学生的参与比例、学生满意程度及学生体质健康监测情况等数据实行结果公告制度。要建立评比奖惩制度，对在阳光体育运动中取得优异成绩的单位和个人给予精神和物质奖励，对不合格单位或个人给予一

票否决制，以唤起全社会对学生体质健康的广泛关注，吸引家庭和社会力量共同支持阳光体育运动的开展。

4. 成立各种兴趣小组或单项俱乐部，建立健全学生体育协会组织

学校应根据不同年龄学生的兴趣和爱好成立多种体育兴趣小组或俱乐部，发挥校学生会、校团委、俱乐部的组织能力，逐步形成依托协会、深入班级、以点带面、多头发展的学生体育组织网络结构，增强学生主人翁意识，确保学生每人至少参加一个体育项目，每天锻炼 1 小时，并把它作为一种良好习惯伴随终身、受益终身。

5. 加强专业的师资建设

体育师资队伍建设是建构"阳光体育运动"长效机制的组织保障。体育教师要以全局为重，不计较个人得失，从科学发展观的高度，不断提高自身业务水平、及时调整自身知识结构，努力塑造"有理想、有道德、有知识、会创新"的新型教师形象；各级学校也要从教师切身利益出发，尽量平衡体育教师福利待遇、职称评聘、培训、深造等方面的学科差别，激发广大教师的积极性和创造性。

6. 落实和保障学校体育教育经费的投入

学校每年根据体育教学、课外群体活动、运动训练竞赛、体育场馆设施维护和体育器材配置等内容的需要，制定体育经费预算，保证学校体育工作的正常开展。

7. 完善体育各项实施的管理制度，构建应急管理机制

加强师生安全教育，加强体育场馆、设施的维护管理，完善学校体育和学生校外体育活动安全管理制度，明确安全责任，强化安全措施。建立校园意外伤害事件的应急管理机制，严格执行国家有关学生意外伤害保险制度，确保"阳光体育运动"顺利开展。

8. 发挥学校、社会、家庭的合力，建立"家、校、社"联系组织

要在广大学生家长中倡导"健康第一"的理念，树立正确的教育观、成才观，健康观。学校、社区要和家庭加强沟通与合作，组织开展多种形式的青少年体育活动，共同促进"阳光体育运动"长效机制的落实，确实做到"每天锻炼一小时，健康工作五十年，幸福生活一辈子"。

"阳光体育运动"是学校体育工作的重要内容，应坚决摒弃"一阵风"的形式主义作风，充分发挥学校体育主导作用，阳光体育运动的抓手作用，将阳光体育运动与体育课、课外体育活动、体质健康标准紧密结合，吸引广大学生走向操场，走进大自然，走到阳光下，主动积极参与体育锻炼，培养体育锻炼兴趣和习惯，有效提高学生体质健康水平，进一步推动我国"阳光体育运动"深入、持久、高效地开展。

四、"阳光体育运动"长效机制的措施

1. 转变观念，树立科学的学校体育发展观

学校体育的功能有教养、教育、促进个体社会化、美育和促进学生个性全面发展功能，但最本质的功能是健身功能。要促进学校体育功能的全部发挥，就必须改变"劳心者制人，劳力者制于人""分数至上"的应试教育传统观念。全社会要加强认识，统一思想，充分认识学校体育的地位和功能,改变教学观念和育人方法，树立新的教学质量观，树起"坚持以人为本，树立全面、协调、可持续的发展观，促进经济社会和人的全面发展"，"健康第一"的科学发展观，促进学生全面发展的人才观"。

2. 建立有效的组织管理和保障制度

阳光体育运动长效机制就是要建立起一个长久的制度保障体系，这种制度体系具有制约性和强制性，主要包括调控机制、规章制度机制、经费、场地、器材保障机制、评价监测机制等内容。要在制度上确定"阳光体育运动"不是体育系、部的事，而是全校各部门齐抓共管的一件大事，建立起学校领导直接领导的"阳光体育运动"领导小组，小组内部目标明确，任务细化，层层落实。在制度.上确定学生参加"阳光体育运动"的时间、场地、器材和经费的投入。将体育运动竞赛定期化，常态化，用制度来保证"阳光体育运动"的有效长期的进行。

3. 建立以《国家学生体质健康标准》为基础的多部联动评价与反馈体系

我国在50年代制定有《劳卫制》、70年代制定颁布了《国家体育锻炼标准》，90年代初颁布了《大学生体育合格标准》，近年来全国各地又颁布了初中毕业生升学体育考试办法等一系列制度。这些在不同时期制定的制度和标准都有严格的奖励制度，其目的都是其目的都是为鼓励和推动学生积极参加体育锻炼，增强学生体质。但在高

校，对于学生进行《国家学生体质健康标准》的测试成绩没有严格的奖惩制度，《国家学生体质健康标准》测试结果的反馈体系不完善，这使的《国家学生体质健康标准》与学生体育行为脱钩，因此，建立起以《国家学生体质健康标准》为基础，以网络和报表为媒介，以学生为对象，学工部、系部、辅导员参与，体育教师为主导的学生体质评价与体育行为监督反馈体系是至关重要的。

《国家学生体质健康标准》中的测试结果与系统提供的运动处方通过校园网向学生本人、体育任课教师和学工部提供，学工部将信息反馈到系部，系部反馈到辅导员，辅导员和体育教师对学生进行告知与引导，并对学生的体育行为进行监督和干预。这样影响学生后进行下次测试，行成环路。对于经过学生体育行为监督和干预和再次测试成绩和在阳光体育运动中表现突出、态度积极的学生，给予一定的精神奖励和物质奖励，增强学生参加体育锻炼的荣誉感和自觉性，以带动更多的学生参与到阳光体育运动的大潮中来。对于院、系的及格率，学生"阳光体育运动"的参与频次进行评比，奖优评差促进院、系对本系部学生的监管力度。

4. 加强宣传，建立良好的舆论引导机制

学生主动参与到体育活动，除了受场地、器材、兴趣等多种因素的影响外，还受身体自我认知的影响和支配。对于身体的自我认知是指导个体进行身体行为的主要因素。大学生在进行体育锻炼前他们本身就建立了一个自我身体的认知，这个认知是在她们先前的综合行为因素下已经建立确定了。这些认知直接影响了今后的身体的体育锻炼行为。国外的研究认为，学生不愿意参与体育锻炼主要是因为，他们先前已经存在着一个错误的认知。这个错误的认知认为自己已经进行了更多的体育锻炼。因此，对于大学生的引导与宣传教育是非常必要的。加强"阳光体育运动"文化建设，创新校园体育文化内涵，通过多种渠道、形式和方法让"阳光体育运动"文化深入每一个领导、教职工和学生的心中，渗透到学生的思想、行为、学习和生活中。

5. 充分发挥体育课的主导作用和学校体育竞赛的引导作用

"阳光体育运动"要与体育教学相结合，深化教学改.革，不断提高教学质量。与时俱进，开拓学生喜闻乐见的运动项目，充实和丰富我们的教学内容。同时，我们又要将"阳光体育运动"与课外体育活动相结合，保证每天锻炼一小时，将体育竞赛制度化，常态化。大力开展一些学生参与人数多，具有本地区特色，竞争激烈能够溶入主题鲜明的校园体育文化的运动项目。形成人人参与、个个争先的学校体育运动氛围，创造生龙活虎、生动活泼，生机勃勃的校园文化环境。

"阳光体育运动"它不是一阵口号，也不是教育部门的"行为艺术"，更不能成为学校的表演。它不是靠职能部门的一纸文件来完成的。当然，也不是学校单单一个体育部门能完成，它必须是全员动员，多部联运，建立起长效机制，用制度来保证。"阳光体育运动"是利于学生健康的一项举国性举措，是一项经常性、长期性的工作。它功在当代，利及千秋，我们要有愚公移山的精神来坚持"阳光体育运动"。它关系到国家的未来，民族的兴衰。因此，我们必须建立起长效机制，长期坚持不懈地进行下去。

第三节　落实构建阳光体育运动长效机制的政策建议

任何政策方针的制定都离不开制度的约束，与之相搭配的则是机制，起到了规范和约束的作用。任何事物都不是一成不变的，制度以及机制同样不例外，需要紧跟时代的发展和实际需要进行适当调整。阳光体育运动作为一项长期的运行机制，不仅改善了人们日常生活，也改变了人们对体育的思想观念。

一、将"健康第一"观念纳入长效教育机制当中

1. "健康第一"是一种教育思想

健康理念越来越深入人心，对人们的日常生活也起到了重要的影响作用，同时还对心理建设起到了积极作用，特别是在道德品质的培养上。世界卫生组织对健康这一概念有着权威的表述。中国也很早就认识到健康的重要性，并在推进我国素质教育中有着较为全面的解释。特别是对学校教育进行了明确规定，要求将"健康第一"确立为学校教育的重要指导思想，其意义不仅在于对提升学生健康素质有着重要作用，同时对促进学生发展更具有深刻的影响。中国在世界化发展浪潮的推动中，逐渐对健康有了新的理解，思想观念也出现了转变，这一变化体现在老师和家长对健康的多元化认识上。认为健康除了是身心素质的综合提高以外，更为重要的是能够具有适应社会、融入社会的能力，特别是自身修养的提升。体育教育作为健康教育最传统的方式之一，其不仅实实在在地提高了国人的身体素质，更为重要的是在体育教育中贯彻"健康第一的"思想理念，充分发挥体育教育作用。

2. 借助体育运动传播健康体育价值

众所周知，体育运动益处颇多，其中适当的有氧运动十分有益于大脑活动。除此之外，长期性的锻炼还具有提升个性、完善人格等作用。体育运动能够锻炼人的各方

面品质，有助于实现积极进取、勇于挑战的素质养成。并且还是宣泄不良情绪的有效途径。随着生活节奏的加快，难免会出现各种压力，而一场酣畅淋漓的运动着实能够缓解身心疲劳，带来身体和心灵的双重健康。因此体育运动也越来越受到国人的欢迎，也已经成为了传播体育价值观念的重要途径。当奥运赛场上的体育健儿奋勇拼搏时，激发的是国人的爱国情怀、展现的是民族自立自强的坚强精神，传递的是奋发向上的理想信念。

二、形成长效机制，提升学生素质

1. 丰富教育工作内容，强化机制建设

就体育教育而言，其组成部分较为多样，涉及到户外活动、组织比赛等。而工作机制的设置则要考虑到建设的初衷、实现的途径、相应的组织规范、协调的措施保证和最终的评价手段等多方面。

2. 加强学校体育工作管理机制

体育工作管理机制的正常运行离不开学校管理者的带动,因此在具体的实践当中，需要广大教育工作者的积极响应。认真对待教育过程中遇到的问题，积极提出解决措施，提高教学质量。对此，作为第一负责人的班主任首先应该起到带头作用，认真履行教育规定，保证体育教学的彻底落实，杜绝任何原因的挤占。另外，体育教师作为这项教育的直接负责人，首先要从思想觉悟上进行提升，深刻认识到体育教育的重要性，认认真真落实教育职责，让每一名学生都能在活动中得到提升。推广健康教育不仅仅是体育老师的职责，而且也是全校老师共同的职责，这样才易于形成全校上下联动的格局，切实推进阳光体育运动的顺利开展。

3. 加强学校体育的安全保障机制

首先要将老师作为重点健康教育的对象，采取培训的方式，让其充分感受到教育的重要性，并在这一过程中提升教育水平。对体育教师的要求要更为严格，保证每位体育教师教学水平过硬，学会对学生个体情况进行综合和有针对性的掌握，制定合理的教育方式，最大化地发挥教育效果。其次，对于特殊情况要特殊处理，保证各项准备活动做到位，预防意外情况的发生。同时，对体育活动中涉及到的体育器材事前要

做仔细检查，明确器材使用规范，并配合相应的紧急处理措施，将防范工作做到位。总之，要从各个角度完善安全保障机制。此外，学校还应积极落实国务院提出的指导意见，即将购买意外险落实到每位学生身上。

4. 完善学校教师管理制度

近年来，体育教师在学校中越来越受到重视，作为体育教育的直接人员，学校应加强对体育教师的考核，保证体育教师的教学质量，让其在教学中发挥积极的引导作用。达到专业水平与教学质量并重的结果。体育教师在开展教学的过程中要根据需要进行教学活动研究，而不再是单纯依靠以往的教学经验，要在不断探索中寻求新的突破，积极拓展教学知识，切实提升教学能力。对体院教师要有更高的要求，要切实保证持证上岗，具备专业功底，保证教学质量。除了对教师的硬性要求以外，还应从教师的切实需求角度进行考虑，保证体育教师待遇，优化薪酬系统，切实做到薪酬体系同教师水平相对等的状态，以打造一支高素质的体育教师队伍为目标，为创设阳光体育运动机制奠定基础。

三、将终身锻炼融入到学生的思想当中，实施积极长效的组织方式

1. 培养终身体育锻炼的意识

无论是从自身实际需要出发，还是从社会发展的角度而言，终身体育锻炼对提升个人综合素质以及推动社会进步都有着重要的意义。因此，培养终身体育锻炼意识十分必要。首先，由于人的发展阶段不同，身体情况也会有所差别，这就需要根据实际需要，综合制定科学的体育锻炼制度，使之达到最佳的锻炼效果。其次，让学生通过各个阶段的不断体育学习，慢慢养成个人良好习惯，使其在今后的发展道路上，对健康有着更好的认识，让体育运动渗透到自己的每一天。

2. 实现终身体育思想与阳光体育运动共同发展

体育教育不能仅仅停留在基础的教育上面，同时还要延伸到思想层面，并将其作为重要的指导思想来指导各项体育活动。终身体育思想也是阳光体育运动的精髓所在，从而将其贯穿到实际教育当中，在这一思想的指导下，不仅能够高质量保证

体育教育效果，更为重要的是能够为体育教育的纵深推进以及不断完善提供支持。所以，阳光体育运动概念的提出正是对体育教育思想的传递和发扬。

3. 让体育教学更具的丰富性

丰富性和多元化是体育教学的所具有的特点。阳光体育运动并不是单一的户外活动，而是更加具有自主性的特征。在全新的教育理念指导下，学生应有更多的自由，应有足够的权利选择自己喜欢的体育项目，并结合自身身体情况进行适度学习。特别是丰富的多种竞赛活动，有助于学生学习兴趣的培养。

四、尊重学生个性发展需要，从客观实际出发完善机制建设

1. 重视学生的主体地位

学生的发展是一切工作开展的根本前提，所以，在教学实践中要先充分考虑学生的个性。学校体育教学有其独特的优势和特点，即群体性特征明显，这为营造良好的体育教学氛围提供了重要条件。另外，由于一部分体育运动具有集体性的特点，所以学生在这种集体活动中能够体会到协作的精神，在身体素质得到了充分的锻炼同时，也培养了集体主义精神。

2. 激发学生的运动兴趣

激发学生学习意愿应该是教学活动开展的基础，只有这样才能实现高效的教学效果，同时学生也才能更好地掌握所学知识。考虑到教育阶段学生固有的活泼好动的特点，在开展体育教学时可以采用多种形式、富有创新性和趣味性的组织方式，激发学生兴趣。在学校已有条件范围内，最大限度地将体育活动进行优化，突出娱乐性的特点，使学生在快乐中学习，在学习中强身健体。同时，开展适当的户外活动，这对提升学生综合素质和能力有着十分积极的意义。特别是在时代快速发展的今天，众多体育项目具有极大的娱乐性，例如攀岩、轮滑、登山等，这些项目皆可纳入到学校体育教学当中。无论是从娱乐性的角度来说，还是从体育教学的出发点来说，学生在这些活动中不仅达到了身体素质的锻炼，同时在心理上也得到了很好的锻炼，更加在拓展个人思维方面也起到了重要作用。相对于校内的体育活动，这类户外活动不仅活动范围较为宽泛，同时也为学生提供了更多自由选择权利，使其在实践中逐渐找到自己的兴趣所在，并

将其确定为终生兴趣，从而强化了终身体育锻炼的意识，使得教育效果更加明显。

3. 从学生角度出发，丰富体育教育的参与性和参与度

随着新时期教育理念的不断深入，学校教育愈加认识到学生主体地位的重要性。体育教育作为一项区别于专业知识的特殊课堂，其在教育的过程中具有更大的灵活性，因此对学生主体性的突出也应该更加明显。所以在制定教学计划之初，要充分将学生主体地位这一客观情况考虑进去，合理规划教学内容，明确选择教学内容，注重教学方式方法，优化教学结构。其中，确保工作的出发点是学生个性成长需要，让教学内容更能实现提升学生能力的目的。使其真正从教学的从属地位转变到自主意识受到充分尊重的主体地位。

五、以素质教育为出发点，辅助以科学的考评机制

1. 改革、完善学生体育考试制度

考试制度一直是测评学生学习情况的重要手段，考试结果具有直观性和准确性，并且在某种程度上而言，也起到了鼓励学生积极进取的作用。体育教学也不例外，学期性的例行考试是对学生身体素质的重要考量，但是，就以往的体育考试标准，存在着一定的弊端：不仅在考试形式以及考试内容的设置上较为"死板"，同时对学生的考察指标也较为单一，尤其是综合测评的标准不够科学化。教育理念，同样应该体现在体育教学的考核标准当中。只有紧跟教育发展，优化考试指标，不断完善和改革学生体育考试制度，即根据不同阶段制定不同的考核标准，以此来衡量学生是否达到了学习的要求。

在考核内容的设置上，应做到理论同实践并重、坚持实用性为主的基本要求进行题目设置，切实考核学生的理解情况。

2. 改革考试评价制度

考试评价制度是衡量学生学期体育学习情况的有效手段,但当前的考试评价制度，其评价内容以及形式还有待补充和完善。现阶段的考试评价制度中缺少对学生个体化差异的考量，考核的等级较为笼统，欠缺科学性，达不到鼓励学生积极参加体育学习的目的。每名学生的身体素质各有不同，在接受体育教育过程中，接受程度会有所不

同。而体育教学强调的恰巧就是对学生身体机能的训练，但是一旦将考核成绩标准化、目标统一化，那么对于学生个人的发展并无太大益处。阳光体育运动的提出正是为广大学生提供了一个开放且宽泛的学习机会，使其在自身条件的范围内进行综合提升，所以在评价学生学习效果时，要充分考虑到学生个体的进步情况，最终的评价标准应该是主观与客观相结合下的综合评价。

3. 将体育成绩纳入升学考评内容当中

综合评价的内容组成大致可分为三大模块：其一是学生体质情况，其二是学生日常表现，其三是学生具体体育成绩。将这三个模块作为学生升学的重要指标，早已被全国各地所接受。一些地区将体育成绩在升学成绩中的分值比重进行了提高，如广州以及北京这类一线城市，已经将体育的分数在原有基础上上调了20分。一些地区，对于体育成绩的考量则只是走走形式而已。当然，也有一些地区做得比较好，不仅将体育分数维持在原有的水平上，同时还将体育考试项目进行了科学的优化。

作为调整升学分配指标的又一依据，综合评价一定要充分结合学校的实际情况，指定的内容要符合学生的客观身体情况以及招生需要，也可以采取日常表现评价和最终测试相结合的方式，目的是做到评判结果科学、公正。

六、对阳光体育运动进行保障机制建设

1. 对开展阳光体育运动提供专项资金

建立在专向资金基础上的体育教育能够更好地发挥作用。就上海来说，在2000年的时候其人均体育用地就达到了两平方米，健身园点数量已经达到了4700处，公共健身场所更是实现了每500米就有一个的密集设置。据统计，每年青少年在公共运动场进行锻炼的人数达到300多万，全市约70%的学校对社区开放，并在其附近创建了百余所青少年体育俱乐部。

不同学校可根据自身实际条件进行适当的体育设施建设。充分利用校园空间，合理布局器材用地，在科学配置的基础上最大限度地保证体育器材的丰富性。对此，可以借鉴襄樊市的做法，其在体育教育方面的建设规划较为科学详细，其中涉及到了对学校边角场地以及闲置地方的利用，并根据场地实际情况进行开发，同时结合学生的

兴趣特点以及从激发学生创造性的角度出发，让学生能够在课余之外的时间段内，更多地感受体育运动当中蕴含的魅力。

2. 在经费方面加强投入，为体育运动的开展创造条件

从体育发展的必要条件来说，经费投入是尤为重要的一方面，尤其是在学校进行经费划拨时，要特别注意留出用于体育教育发展的经费。北京的体育教育投入总金额较为巨大，在对超过 300 多所学校的体育场改善项目上，取得了巨大的成效。在这里值得一提的是，对农村校园的体育设施配备情况也取得了一定的成绩，将近 700 所学校的体育教学条件因为这项资金的投入得到了改善。除此以外，还将更多的资金投向了针对青少年的体育运动项目设置上，充分考虑到了学生的特点，将每一项体育运动项目的设置都作了科学的规划和考虑，规划体育场地时，不仅依照国家政策法规的规范予以展开，同时"因地制宜"，进行科学规划和设计，保障场地设计的合理性。

另外，对于学校体育设施的建设还应从发挥其最大效用角度出发，除了满足本校学生的日常需要以外，还可以在条件允许的情况下对外开放，使其在节假日等特殊时间段内也能够不被闲置，因而达到高效的利用率。

3. 建立督导、检查和工作评比制度

除了保证基本的体育教学以外，还要从制度的建设角度出发，制订一套科学的督导系统，对中小学体育教育情况进行实时监督和落实，切实保证日常的体育活动时间。同时配合以系统的评比制度对具体的实践内容予以强化。其中，评比的内容要从德、智、体、美劳全方位展开，尤其是要根据不同学校制定符合其水准的综合性评估，避免一概而论带来的局限性。既要涉及到对学生身体素质的评估，同时还应包括学校的体育教学水平的评估，对出现体育教学落实不到位以及学生体质未达标的学校予以取消评估资格，同时也不对其进行先进单位的评选。

七、全社会力量上下联动，助推体育运动事业不断发展

1. 阳光体育运动的确立

阳光体育运动的确立有其客观实际的出发点，从长远的角度来看，国民素质在未

来将成为展现国家综合竞争力的一个重要组成部分，所以，阳光体育运动一经提出就受到全社会的共同支持和参与。但是阳光体育运动不是一时的口号，也不是一朝一夕就能够达到了，这就需要全社会动员起来，共同为这目标的实现创造条件，助推体育事业不断发展。

2. 发挥政府领导的主导性作用

推进阳光体育运动的关键应是政府部门，只有政府部门真正发挥了积极的带头作用，最终使全社会上下共同形成合力，切实推动这项运动的发展。政府作为这项运动的倡导者和发起者，在推进其发展的过程中必然要承担起更多的社会责任，除了发挥积极的指导作用以外，还要从科学发展观的角度出发，制定合理的推进措施，将其列入到教学指标评比当中，使其真正成为被学校所重视、被教师所接受、被学生所受益的一体化建设。切实保证这项运动的实施效果，也就是实现提升人才培养质量的目标。

3. 加强学校教育的基础性作用

教育可谓伴随着人的一生，学校是学生学习各项知识的重要场所，学生除了在学校要接受各学科基础知识以外，同时还要实现自身发展的目的。其中体育教育旨在提升学生综合体质，且一直贯穿于教育的始终。所以，学校要深刻认识到体育教育的重要性，绝对保证学生的体育时间，促进学生各方面全面发展。体育教育不是封闭的，而是同社会有着必要联系的。因此，学校在开展体育教育时要重视同社会相结合，将体育教育散播到生活中的方方面面，为阳光体育运动的开展提供更多的机会。

4. 发挥家庭教育的重要性作用

家是孩子培养兴趣爱好以及行为习惯最为关键的场所，所以在推动体育教育时，家庭教育发挥着重要的作用。家长作为学生重要的监护人和引路人，要在生活中对孩子身心发展投入足够精力，纠正不正确行为，引导孩子健康向上发展。对于成长中遇到的困惑要及时发现和解决。特别是在对待升学考试方面，要保持一颗平衡的心态，寄予合理的期望，避免孩子在高压环境中受挫。倡导劳逸结合的学习方式，给予孩子应有的活动时间，保障孩子各项平衡发展。让孩子在玩中也能够轻松学到知识。家庭氛围除了影响孩子的性格，同时也影响其全方面的发展。因此在引导孩子发展过程中，

首先要营造一个和谐的生活氛围，助力孩子健康成长。在一些西方国家长期的实践中发现：当孩子参与某项体育活动时，家长的鼓励能极大地激发孩子的自信心。所以，作为孩子成长的第一责任人，家长不仅要引导孩子的行为，同时也要进行健康理念的灌输。

制度有利于保证体育教育的开展，建立一体化的监督管理制度，同时确立相应的责任人，定期对活动的组织实施情况进行考察，并配合相应的工作指导意见。对其中存在的不足或是问题及时完善和解决。

第八章　构建阳光体育运动质量监控体系

第一节　高校阳光体育监控体系构建

一、高校阳光体育监控体系构建应遵循的原则

1. 要和阳光体育的内涵相统一

阳光体育是为了增进青少年的健康体质而出台的，具有明确的目的性和针对性，阳光体育监控体系的构建自然也要围绕促进青少年的健康体质而进行相应的设定。另外，阳光体育并不是学校结构组成之一，它是一种终身的体育价值观念，阳光体育应该培养学生终身体育的内化价值观，侧重培养青少年良好的体育习惯。

2. 要和高校的管理体制相统一

高校是贯彻和调节大学生阳光体育的最终服务单位，构建阳光体育监控系统就必须要了解高校的管理体制。随着社会经济的不断进步和高校教育的不断发展，学校逐渐过渡到实行校政分开的高校制度，这对于推进阳光体育监控体系的构建有很大的推动作用。

3. 要和高校的体育管理体系相统一

高校体育管理体系是阳光体育监控体系构建的基础，高校一般实行体育委员会领

导下的管理体制，多数是由主管体育的校长来担任负责人，由学生处、后勤处等组成。另外还有学生组成的机构等，如体育社团。因此，阳光体育监控体系的构建要充分考虑高校体育管理的特点。

4. 要与当代大学生的群体特点相统一

当代的大学生多数为 90 后甚至 00 后，他们都是在家庭条件优越的环境中成长，而且多数是独生子女，对于坚持体育活动没有多少持久力，往往坚持不了多久就会放弃，参与的主观意愿性有待加强。因此，在制定监控体系时要综合考虑大学生的心理特点和价值观念。只有了解当代的大学生的群体特点，这样构建起来的阳光体育监控体系才能获得大学生的主动参与，才能乐于被广大学生接受。

二、高校阳光体育监控体系的构建

1. 完善监控体系的组织机构

由于高校的各部门都有自己的岗位职责和行为规范，而且类似教育和体育等部门也都有自己常规的工作范畴。因此，高校阳光体育监控体系首先要组建一个强有力的统筹协调的机构，可以借鉴水平评估机制，即成立类似于"国家阳光体育专项督导领导小组"的平台，以该督导领导小组为核心，统筹领导各级政府及其教育、体育等部门，共同来对高校的阳光体育运动情况进行动静态的监控。此外，利用高校体育运动委员会来进行监控时，要强调建设和监控并举，加大高校体育委员会的工作职责范畴，大力扶持学生体育社团的发展，使得阳光体育运动逐渐走上学校体育委员会领导，其他各部门支持，学生自我积极组织的发展道路。

2. 监控体系标准的设定

阳光体育运动必须要有客观的或是量化的标准，才能使阳光体育运动的操作易于被执行，也便于对阳光体育做出评价。因此，阳光体育运动的监控要综合考虑相关组织及具体行为的监控，这样才能与阳光体育的内涵相统一。监控包括政府部分的监控和高校各部门的监控两部分。监控的内容主要包括：组织领导、制度的建设、实施条件和宣传动员等。在具体的内容上和已有的全民健身指标体系性类似。同时在进行指标的设定的时候，多数会通过问卷调查法或是专家访谈法来作为各项指标的参考依据，使得指标的设定更加符合阳光体育的内涵，目的是使参与者更加积极主动的参与，以便树立终身体育的价值观。

3. 设定大学生自身个体的监控体系

国家学生体质健康标准数据库是大学生健康测试的数据信息系统，里面记录了大学生的身体健康指标。但在实际的调查中得知，部分的大学生是出于被动的参与身体各项指标的检测，有的甚至是谎报造假的数据，失去了检测大学生身体健康指标数据的意义，也不利于体育的发展大计。故此有的学校引入了智能阳光体育自主系统，提高大学生对阳光体育参与的积极性，也能动态的监控学生的体育运动情况，方便学校通过网络对学生的体育活动进行科学有效的管理。

阳光体育的本质是提高大学生的身体健康素质，培养大学生良好的体育运动习惯，应该加强对各级政府的监督力度，自上而下落实各项经费，为阳光体育运动的发展提供物质基础。大力发展高校对阳光体育的督导作用，促进体育社团的发展，坚持循序渐进的长效监控。以科学有序的健身为原则，以数字化智能化手段为依托，以服务型的柔性管理为主，督促为辅的管理方式，使学生逐步树立终身体育的观念。

三、高校阳光体育运动质量监控体系构成要素

"质量监测"的定义为，为了明确监测的目的和标准，采用某些方法和手段，来监测和控制影响质量的各方因素，以确保质量和数量可以达到预期的目标。从质量控制的一般观点来看，这些活动或行为是主要的构成要素，质量监控应该明确：监督人员监督什么，如何跟踪以及如何确保监督的有效性。所以笔者认为，阳光体育活动的各个活动主体之间应该高度融合，积极协调。监测活动如何开展是一个重要的问题，笔者相信监管的主体是学校，学生是监督的客体，学校应该不断寻找监督建设的途径，建立一条可行的监督措施。监督者是监控体系的操纵人，定量标准是监测的核心，所有这些行为都将围绕这一标准操作进行。因而，笔者认为阳光体育质量监控系统可以从以下几个方面入手进行进一步的活动。

1. 监控主体

客观监测是监测活动的先决条件。根据建立共同质量监测体系，主要监督机构由

国家、学校、社会以及学生自我四个方面组成。这四个方面也可以用于我国高校的阳光体育监督活动。

国家监督是指通过一定的规章制度、行政措施和财政手段进行质量控制的政府干预行为，包括评估学校的成绩和考核学校体育教育质量。学校监督是指学校的自我控制和自律制度，主要包括教师控制、过程控制和输出控制。教师控制是指根据阳光体育活动中教师的作用来确定教师的评估体系。过程控制是指利用阳光体育运动的实际活动形成评价来控制高校阳光体育运动，并实现入学目标调整，加强和整改错误的体育活动形式。这包括制定培训计划、日常教学管理、学术管理和其他监督方式。输出控制是指对学生的身体评估的最终表现进行评价分析，以分析评价的结果来作为学生重要考核手段。社会监督工作通常指使用不同的社会团体、相关协会和其他社会力量参与阳光体育活动的评估。自我监控主要是指学生自己的监控行为，只有自身加强管理才能更好地进行监控活动。

四个监督实体各有其特点。政府直接介入的质量监督是强制性的，其优势是强制性和政策指导性。相应地，它的缺点是易受疏忽和容易僵化。学校监督是最方便直接的监督手段，但由于自主权掌握在学校手中，因此也受到主观和形式主义的影响。社会监督历史悠久，其独特的地位和优势始终受到公众的信赖，应该积极运用到日常的管理中。学生自我监控相对被动，监督的方式和方法相对依赖学校的组织，学生对自我监控的看法相对较弱。总之，四个监督主体各有优缺点，笔者认为，一个有效的监督活动需要四个主体之间相互配合。运用多样化的手段以实现更好的监测活动。

2. 监控对象

从传统的角度来看，"质量"一词对应于公司的产品生产。阳光运动的质量和产品质量虽然不同，但是实施"以人为本"的理念和对全体对象监控的全程监督不应该受限制。教师和学生都应该参加到阳光体育活动中，通过老师带领的方式，来引领学生进行阳光体育活动。因此，阳光体育质量监督在高校的目标就是阳光体育运动本身的质量。研究阳光体育的质量应进行综合分析，包括学生情绪，参与体育运动的态度，学生运动能力和身体健康等。在确定了对象的质量控制之后，使用随机抽样的方式来选择对象，因此统计需客观地进行，通过准确地进行评价活动，能够更好地掌握信息，从而对后续的体育活动提供帮助。

3. 监控方法

对大学阳光体育的监控应该是一种长期的并且采用多手段相结合的方式。为了保持阳光体育的持续监控，需要不断地改进和调整，定期评估和偶尔的测试是不够的，应该运用更多的监测手段和方法来加强监控。

根据高等教育质量管理的方法，运用信息采集、信息处理、信息反馈和调控等步骤监测阳光体育运动的质量，不同的监测可以应用于不同的阶段。并且，应该充分利用现有的现代信息技术，对高校体育进行评估、统计、预测和监测。伴随着国家信息水平越来越高，在现有信息技术的基础上，应该对高校体育质量监测的基础进行调整，使体育信息更加科学统一化。

4. 监控标准

为了更好地监督高校体育质量，应该制定出合理有效的评价标准，监测体育质量的标准是指衡量教育督导质量的指标，是实现目标控制的前提。美国研究分析师于1970年曾提出 AHP 法（也称为是统计分析法），主要通过分析数据和相关因素，然后分层分类，再使用定性和定量分析的方法。这种方法的特点体现在对复杂问题的简单分析和使用少量信息来完成监控。

第二节　阳光体育运动质量内外监控系统

质量控制主要受两方面的影响，即内部和外部。外部控制是基于社会公正的，具有内部控制所不具有的特殊性。控制的原因有：首先是社会正义建设的宏观需求，其次是内部控制不能取代外部控制功能。如果不能保证这两个条件都具备的话，外部监控系统就无法建立。

大学的运动模式也可以分为两类。外部监测是国家监测和监测系统。校园监督以及自我监督两方面主要构成了内部监督。任何一个监控系统都有其自身的特点，而不会限制其具体的监控模式。社会监督和国家监督具有一定的相似性，校园监督和自我监督制度的标准是按照自己的规定进行调整的，因此本部分将重点关注国家对监督模式的监测。

一、外部监控系统

1. 国家监控模式

（1）国家监控的具体机构。

开展国家监控和检测的阳光体育运动活动，组织的力量是保证权力平稳运行的第一个前提。大学的阳光体育运动由国家体育总局、共青团中央国家体育运动中心和社区中心共同联合组织开展。国家监控下的阳光体育运动具有一定的职业性，体育运动和体育观察运动是国家监督教育部门的关注点之一，机构之间相互配合是保证制度合理实施的首要前提。

基于教育部体育卫生与艺术教育司的责任分配（指导各大体育学校，卫生与教育，艺术教育，教育防御，国防教育等有关国家政策和教育教学的所有档案文件）和体育青少年娱乐总局的指导职责（监督阳光体育的青年工作，指导体育学生的自我定位，推广实施学生健康准则和设置阳光体育运动标准，组织青年体育活动，监督和评估其工作）可以将由体育总局和教育部设立为由教育部管理的活动专门机构，所以将两者设为阳光体育的专业管理机构，负责国家体育政策的研究，体育制度评估，成立专家委员会组织，组织专家委员会讨论和评估体育运动发展关系。

（2）国家监控的评价标准。

这种质量控制的确立，主要依据是国家对阳光体育运动表现的评估和学生健康水平设定的相关档案文件，包括由中共中央所颁布的文件。以陕西省所颁布的质量评价的相关指标作为监督标准，并用特尔斐的方法来进行科学评估。具体措施包括：开展针对性的行动，比如对南方学校开展的阳光体育运动的发展情况进行研究，基于校园开展情况开始调查并进行总体分析，总结出影响因素体育运动情况的因素，并且会将因素列为"有广泛的影响"的体育运动表现指数，制定发展准则。为了调查收集影响运动发展的现实情况，然后对 8 人用科学规定的方法进行调查，把各大学校的体育教育学者作为主要研究对象。我们可以使用这 7 个原则作为参考。该指数可以选择 20 个候选人进行调查，而每个指标对阳光运动活动的影响都可分为非常重要、重要、一般、不重要，非常不重要五个级别。统计数字用 5、4、3、2、1 来表示。问卷调查结束后，根据级别指标确定等级分类，初步局部指标选择级别指标较高的 15 项，再进行区分标准和质量标准。建立国家监测和监测系统（见表 8-1）。

（3）国家监控的方法。

首先，法律政策通过政策法规、体育活动监测系统评估以及大学体育活动标准来监督，进行监控导向。

其次，根据学校自我检查的整理查阅相关文件、信息和活动记录。进行现场审查和讨论，并检查组织和主管的活动，最终评估质量教育目标的结果，并找出变化，就教育目标进行改善。

再者，阳光体育运动考核随着大学的高绩效表现而发生变化，定量评估考核指标成为高绩效表现的主要内容，采用一票否决制。

表 8-1　高校阳光体育国家监控评估体系构建指标统计表

一级指标	二级指标	三级指标	评估方式
阳光体育的宣传与管理 10%	管理组织 50%	建立阳光体育运动领导小组 55%	定性
		阳光体育运动制度与措施 45%	定性
	宣传教育 50%	阳光体育运动宣传工作 50%	定量
		相关部门配合教育 50%	定量
阳光体育与科研 15%	科研立项 40%	科研管理 50%	定量
		学术活动 50%	定量
	教材与论文 40%	出版教材与专著 40%	定量
		论文发表 70%	定量
	获奖情况 20%	科研获奖 60%	定量
		相关获奖 40%	定量
阳光体育与体质测试 20%	体测制度 15%	体测制度规范 50%	定量
		体测落实到位 50%	定性
	体测成果 45%	体测结果 65%	定量
		定期通报体测情况 35%	定量
	条件保障 40%	体测器材 55%	定量
		体测面积 45%	定量
学生体育竞赛 25%	竞赛队建设 35%	运动队管理与训练 50%	定量
		运动队经费保障 50%	定量
	竞赛效果 30%	校队参赛情况 60%	定量
		校队获奖情况 40%	定量
	课外活动 45%	早操与检查 50%	定量
		一小时体育锻炼 50%	定量
条件保障与体育课堂 30%	教学条件 30%	教师队伍与专项经费 50%	定量
		教育场馆建设 50%	定量
	教学情况 35%	实施教学计划 65%	定量
		教学评价 35%	定量
	体育课程 30%	教学管理 70%	定量
		集体备课和教学研究 30%	定性

2. 社会监控模式

社会监控模式具有监控的主体较多的特点，因此针对不同的监控主体所使用的方法也应该不同。

（1）社会第三方机构。具体指不代表学校和政府参加大学阳光体育运动评估的第三方机构，作为独立的中介机构进行评价。

（2）学生监护人。学生可以通过发表自己的意见和看法来对阳光体育活动进行改进。将家长和学生置于教育同等的重要位置，在以学生自身的体质状况评判标准的情况下，家长应更新自己的体育观念。

（3）大众媒体。大众媒体是传播焦点的最重要手段之一。同时，媒体的监督可以确保相关的公共政策和预期活动能够正确的实施。它的优势在于公开化、透明化以及具有高度的影响力。

二、内部监控系统

1. 学校监控模式

（1）学校监控机构。

依据各普通高校现有的院系组成结构和权力配置，可借鉴华南农业大学的考评经验，学校实行校、院系、班级三级不同层次的全方位监控，建立教育质量督导体系和信息体系。其中，各监控组织的结构概要如下图。

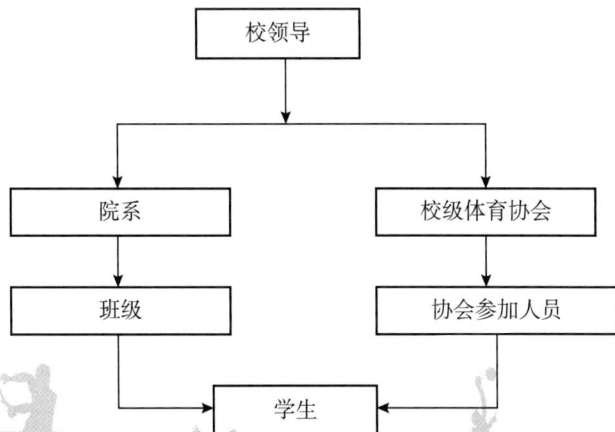

高校阳光体育运动学校监控机构三级结构图

（2）学校监控对象。

高校阳光体育运动学校监控的对象主要有三部分，分别为：学生参与体育锻炼情况和体质状况的监控、教师的教学科研和指导工作以及管理人员的管理工作水平。

（3）学校监控标准

主要分为对学生活动的监控标准和对体育教师的监控标准。

第一，对学生活动的监控标准。依据学校监控机构三级设置的模式以及阳光体育运动本身的要求和内容，评价标准可从学生参加班级院系活动的情况和参加学校各体育协会的情况两方面制定相关标准，同时借鉴华南农业大学的经验，制定如下标准详见下表。

学生活动的监控标准

类别	考评内容
学院开展阳光体育情况	1. 各学院学生在校级体育竞赛中所取得的成绩；
	2. 各学院学生在学校组织的体育活动参与情况；
	3. 各学院自主组织学生参加各类体育活动情况；
	4. 校体育运动队中各学院学生所占比例；
	5. 每个行政班自主组织的体育活动情况；
	6. 调查个人参加体育锻炼的时间；
体育类协会	1. 体育类协会开展体育活动学生参与情况；
	2. 体育类协会开展体育活动的次数；
	3. 体育类协会开展体育活动的获得效果；
	4. 体育协会在校级交流比赛中取得的成绩；

对体育教师的监控标准

一级指标	二级指标	三级指标
体育课教学	基本表现	按计划实施教学
		教学体态
		语言表达
		组织管理
	教学情况	动作示范与讲解
		各教学过程衔接
		合理使用场地及器材
		教学中保护与安全教育
		教学任务完成情况
	教学评价	自我评价
		学生评价
体育科研	科研立项	立项级别
		学术活动参与
	科研获奖	获奖等级
		参与人数
体育活动指导	学生热情度	获奖人次
	获奖情况	获奖等级

（4）学校监控方法

第一，跟踪评价学生在校期间全部体育活动，实现科学化、系统化管理。

第二，学生参加阳光体育运动获得的奖项和表彰实行激励机制。

2. 自我监控模式

大学生应充分认识课外体育锻炼的重要性，积极自觉参加课外体育锻炼，明确课外体育锻炼的目的。自我监控阳光体育锻炼包括主观和客观监控。

主观监控内容包括自我感觉、运动情绪、食欲、睡眠、出汗量等各项指标。客观检查的内容包括脉搏、体重、运动成绩、女生月经情况等各项指标，这些指标通过平时自我观察、测定来随时掌握。根据课外体育锻炼监控的主、客观指标，经常分析自我的机能状况，科学安排活动场所和锻炼手段，不断完善课外体育锻炼计划，不断增进健康，增强体质，提高运动技术水平和运动成绩，确保达到阳光体育的要求。自我要监控好运动成绩，它是检查平时锻炼效果的客观评价，运动成绩的降低与提高，能够客观准确地反映个人参加阳光体育锻炼方法与运动负荷选择是否得当。

作为一个质量监控体系，以上四种模式互相影响，相得益彰，通过发挥各自的作用，使得高校阳光体育运动向着良性的方向发展。

参考文献

[1] 樊炳有.社区体育论[M].北京：北京体育大学出版社，2003.

[2] 马晶瑶.《加利福尼亚体适能测试标准》与《国家学生体质健康标准》的比较研究[D]天津：天津师范大学，2015.

[3] 张艳超.中美学生体质测量与评价比较实证研究[D]南京：南京师范大学，2014.

[4] 李鸿江，等.阳光体育总论[M].北京：北京体育大学出版社，2009.

[5] 蒋玉红.中学阳光体育运动推进策略研究[D]苏州：苏州大学，2014.

[6] 陈雁飞.阳光体育运动开展的现状与发展策略研究[J].北京体育大学学报，2011（7）.

[7] 蒋玉红.体育教学内容的重组及优化分析[J].中国学校体育，2011（2）.

[8] 蒋玉红.对阳光体育运动落到实处的理论思考[J].南京体育学院学报（社会科学版），2010（5）.

[9] 李趁丽."家庭、学校、社会"一体化促进阳光体育运动的长效机制研究[D].重庆：西南大学，2013.

[10] 邓玉新，刘晓辉.开展阳光体育运动困境探讨[J].惠州学院学报(自然科学版)，2011（3）.

[11] 崔爱彬.俱乐部推动课外体育活动开展[N].中国体育报，2010（6）.

[12] 吴辉剑.普通高校阳光体育运动质量监控体系构建[D]广州：广州大学，2013.

[13] 向军.阳光体育运动研究述评[J].运动，2012（1）.

[14] 张翔，刘霞.试论后现代主义视野下的体育教学[J].西华师范大学学报（哲学社会科学版），2011（5）.

[15] 李生民，王波，祝菁.普通高校阳光体育运动评价指标体系构建 [J].北京体育大学学报，2011（9）.

[16] 屈宏强.学校体育均衡发展评价指标体系的构建与实证研究 [D].福州：福建师范大学，2012.

[17] 贾嘉琳.中学生课外体育活动满意度与忠诚度的影响因素分析 [D].临沂：山西师范大学，2017.

[18] 杨贵仁.中国学校体育改革的理论与实践 [M].北京：高等教育出版社，2006.

[19] 龚正伟.学校体育改革与发展论 [M].北京：北京体育大学出版社，2002.

[20] 何轶.我国高校体育文化建设研究 [D].长沙：湖南农业大学，2009.

[21] 田祖国.国家软实力提升目标下民族传统体育研究的视野与方向 [J].西安体育学院学报，2010（4）.

[22] 卢晓中.大学精神文化当议 [J].教育研究，2010（7）.

[23] 韩延明.论大学文化的构建 [J].北京大学教育评论，2010（2）.

[24] 程光泉.哲学视野下的大学理念、大学精神、大学文化 [J].北京师范大学学报（社会科学版），2010（1）.

[25] 顾春先.中国高校校园体育文化指标体系研究 [J].体育科学，2010（8）.